Inhalt

100% ÜBERSICHTLICH	4
HOTELS	8
UNTERWEGS	14
SPAZIERGANG 1: ZENTRUM	16
SPAZIERGANG 2: JORDAAN & WESTERPARK	36
SPAZIERGANG 3: NEGEN STRAATJES	56
SPAZIERGANG 4: OUD-ZUID & OUD-WEST	76
SPAZIERGANG 5: REMBRANDTPLEIN, UTRECHTSESTRAAT & DE PIJP	96
SPAZIERGANG 6: DE EILANDEN & OOST	116
WEITERE SEHENSWÜRDIGKEITEN	136
AUSGEHEN	138
INDEX	142

100 % übersichtlich

Entdecken Sie 100% Amsterdam auf sechs Spaziergängen. Jedes Kapitel im 100 % Cityguide ist einem Spaziergang gewidmet. Am Kapitelende finden Sie eine Karte mit der Kurzbeschreibung des Spaziergangs. Auf der Karte in der vorderen Umschlagklappe sehen Sie die sechs Kartenausschnitte im Überblick. Dort finden Sie anhand der Buchstaben (A) bis (W) alle Hotels sowie die Sehenswürdigkeiten und Ausgehtipps, die nicht auf einem der Spaziergänge liegen.

In den sechs Kapiteln beschreiben wir ausführlich, welche Sehenswürdigkeiten Sie auf den Spaziergängen entdecken können und wo man gut essen, trinken, shoppen, feiern und relaxen kann. Alle Adressen sind mit einer Nummer ① gekennzeichnet, die Sie im Stadtteilplan am Ende des Kapitels wiederfinden. An der Farbgebung der jeweiligen Nummer können Sie erkennen, zu welcher Kategorie die jeweilige Adresse gehört.

● Sehenswürdigkeiten	● Shoppen
● Essen & Trinken	● 100% there

SECHS SPAZIERGÄNGE
Zu jedem Kapitel gehört ein Spaziergang, der – ohne Besuch der genannten Sehenswürdigkeiten – ungefähr drei Stunden dauert. Auf den einzelnen Stadtteilplänen sehen Sie den genauen Verlauf der Route, und können deren Länge anhand des Maßstabs ungefähr bestimmen. Die Wegbeschreibung links neben dem Stadtplan führt Sie entlang der Sehenswürdigkeiten zu den schönsten Adressen. So entdecken Sie fast nebenbei die besten Shoppinggelegenheiten, die nettesten Restaurants und die angesagtesten Cafés und Bars. Wer irgendwann keine Lust mehr hat, der Route zu folgen, kann aufgrund der ausführlichen Tipps und Pläne auch wunderbar auf eigene Faust Entdeckungen machen.

PREISANGABEN BEI HOTELS UND RESTAURANTS
Um Ihnen eine Vorstellung von den Preisen in den Hotels und Restaurants zu geben, finden Sie bei den Anschriften stets auch die Preise. Die Angaben für

Hotels beziehen sich auf ein Doppelzimmer mit Frühstück pro Nacht, es sei denn, es ist etwas anderes angegeben. Die Angaben für die Restaurants nennen – wenn nicht anders verzeichnet – den Durchschnittspreis eines Hauptgerichts.

NATIONALE FEIERTAGE
Neben den beweglichen Feiertagen Karfreitag, Himmelfahrt und Pfingsten gelten in den Niederlanden die folgenden offiziellen Feiertage:
1. Januar   Neujahr
30. April   Königstag
25. & 26. Dezember Weihnachten

FESTIVALS UND VERANSTALTUNGEN
In ganz Amsterdam gibt es, vor allem im Sommer, jährlich stattfindende Festivals. Hier folgt eine Auswahl der größten Events:

Holland Festival – Mai & Juni (*www.hollandfestival.nl*)
Internationales Bühnenkunstfestival: experimentelle Musik, Oper, Theater und Tanz, u.a. in der Stadsschouwburg und im Muziekgebouw aan het IJ.

Amsterdamse Bostheater – Juni, Juli & August (www.bostheater.nl)
Freilufttheatervorstellungen im Amsterdamer Stadtpark.

Amsterdam Roots – Juni (*www.amsterdamroots.nl*)
Weltmusik- und Kulturfestival mit jährlich ca. sechzig Konzerten an verschiedenen Veranstaltungsorten plus Freiluftfestival *Roots Open Air* im Oosterpark.

ITs Festival Amsterdam – Juni & Juli (*www.itsfestivalamsterdam.com*)
Nachwuchs-Bühnenkünstler aus dem In- und Ausland, die erfolgreich ihr Studium absolviert haben, zeigen beim *International Theatre School Festival* ihre (Abschluss-)Aufführungen.

Keti Koti Festival – 1. Juli (*www.ketikotiamsterdam.nl*)
Gedenkfeier zur Abschaffung der Sklaverei in den ehemaligen niederländischen Kolonien. Ausgelassenes (Musik-)Fest im Oosterpark.

Over het IJ Festival – Juli (*www.overhetij.nl*)
Theaterfestival in Amsterdam-Nord.

Julidans – Juli (*www.julidans.nl*)
Renommiertes Festival mit internationalem, zeitgenössischem Tanz.

Appelsap – letzter Sonntag im Juli (*www.appelsap.net*)
Musikfestival im Oosterpark. Hip-Hop, Urban Music, Soul, Modern Jazz.

Grachtenfestival – August (*www.grachtenfestival.nl*)
Festival mit klassischen Konzerten auf dem und am Wasser.

Lovelands – August (*lovelandfestival.nl*)
Tanzfestival mit Liveacts im Sloterpark.

Kwaku Summer Festival – Juli & August (*kwakufestival.nl*)
Multikulturelles Festival an vier Wochenenden im Bijlmerpark.

Amsterdam Gay Pride – Anfang August (*www.amsterdampride.nl*)
Der größte Gay-Event der Niederlande mit extravaganter Bootsparade.

De Parade – erste Hälfte im August (*www.deparade.nl*)
Tournee-Theaterfestival im Martin Luther Kingpark.

Uitmarkt – letztes Augustwochenende (*www.uitmarkt.nl*)
Eröffnung der Kultursaison mit vielen Auftritten in der Stadt.

Zomer in de Tolhuistuin – Juni, Juli & August (*www.tolhuistuin.nl*)
Kulturfestival im Park des Tolhuistuin in Noord.

IDFA – November (*www.idfa.nl*)
Elftägiges, internationales Dokumentarfilmfestival.

HABEN SIE NOCH TIPPS?

Wir haben diesen Reiseführer mit großer Sorgfalt zusammengestellt. Da das Angebot an Geschäften und Restaurants in Amsterdam jedoch regelmäßig wechselt, kann es sein, dass eine Empfehlung nicht mehr existiert. Besuchen Sie in diesem Fall oder wenn Sie andere Anmerkungen oder Fragen zu dem 100% Cityguide haben, unsere Webseite *www.100travel.de/amsterdam* oder schreiben Sie uns an *info@momedia.com*. Wir freuen uns über Hinweise, neue Tipps und natürlich auch Fotos. Posten Sie diese gerne auf unserer facebook fanpage: *facebook.com/100travel*.

Last but not least möchten wir noch bemerken, dass keine der vorgestellten Adressen für ihre Erwähnung bezahlt hat, weder für den Text, noch für die Fotos. Alle Texte wurden von einer unabhängigen Redaktion geschrieben.

Hotels

Amsterdam hat für jeden Geschmack etwas, das gilt auch für Hotels. Das Angebot ist sehr groß, es gibt Hunderte Adressen von kleinen, großen, modernen und nostalgischen Übernachtungsmöglichkeiten. Die Preise reichen von 25 Euro pro Nacht für ein Bett in einer Jugendherberge bis in schwindelerregende Höhen für ein Fünfsternehotel. Neben bekannten Hotelketten bietet Amsterdam auch viele ausgefallene Unterkünfte.

Nachfolgend finden Sie einige besondere Hotels in unterschiedlichen Preisklassen. Diese sind mit einem Buchstaben gekennzeichnet, den Sie auf dem Übersichtsplan vorn im 100 % Cityguide wiederfinden. Auf *www.100travel.de* finden Sie weitere tolle Hotels. Wenn Sie auf der Suche nach einem Appartement oder Bed & Breakfast sind, ist *www.amsterdam-accommodation.nl* empfehlenswert. Auf *www.iamsterdam.com* (Touristinfo Amsterdam) gibt es Informationen zur Stadt, über Hotels und weitere Unterkünfte.

GÜNSTIGE PREISKLASSE

(A) In einer der Negen Straatjes liegt das **Hotel Belga**. Das Gebäude stammt aus dem 17. Jahrhundert und wurde von Rembrandts Rahmenmachern entworfen. Ein sympathisches Familienhotel mit toller Atmosphäre und leckerem Frühstücksbuffet. Ideale Lage für ein Shoppingwochenende oder für Kulturausflüge.
hartenstraat 8, de negen straatjes, www.hotelbelga.nl, telefon: 020 6249080, preis: ab 41 €, straßenbahn: 1, 2, 4, 5, 9, 13, 14, 16, 17, 24, 25 dam

(B) Die Freundinnen Anika und Lotje eröffneten 2010 **Coco Mama** als Crossover zwischen Hotel und Hostel, eine Art Schlafsaal mit luxuriösen Betten. Doch es gibt auch Einzelzimmer. In der Gemeinschaftsküche kann man sich selbst versorgen, hier herrscht die gleiche gesellige Stimmung wie in einem Hostel. Überhaupt ist die Atmosphäre offen und einladend. Anika und Lotje verraten auch gerne die neuesten Hotspots der Stadt, die besten Fahrradmietstationen und die leckersten Restaurants.
westeinde 18, frederiksplein, www.cocomama.nl, telefon: 020 6272454, preis: ab 51 €, gemeinschaftszimmer 36 €, straßenbahn: 4 stadhouderskade

WINSTON ©

Ⓔ **DE FILOSOOF**

Ⓒ Zwischen den vielen schmuddeligen Hotels in der Warmoestraat ist das **Hotel Winston** ein echter Lichtblick. In dem kreativen Hotel wurden acht der 67 Zimmer von Künstlern gestaltet; der "Heineken Room" ist inzwischen das berühmteste Zimmer. Doch es gibt auch günstige Schlafsäle. Der dazugehörige Nachtclub Winston ist mit seiner Livemusik bei den Amsterdamern sehr beliebt.

warmoesstraat 129, zentrum, www.winston.nl, telefon: 020 6231380, preis: ab 75 €, gemeinschaftszimmer 30 €, straßenbahn: 1, 2, 4, 5, 9. 13, 14, 16, 17, 24, 25 dam

(D) Die modern eingerichteten Appartements des **Bickersbed** befinden sich in einer ruhigen Straße unweit des Hauptbahnhofes und nur etwa fünf Gehminuten vom bekannten Viertel Jordaan und seinen schönen Grachten entfernt. Neben einem Wohn- und Schlafzimmer verfügen die Appartements über eine Küche, in der man auch mal ein Essen zubereiten kann.
schiemanstraat 1, planciusbuurt, www.bickersbed.nl, telefon: 06 12609102, preis: ab 85 €, bus: 18, 21, 22 haarlemmerplein

MITTLERE PREISKLASSE

(E) In einer ruhigen Gegend beim Vondelpark liegt das **Hotel De Filosoof** mit großem Garten, Bar und 38 Zimmern, die allesamt individuell gestaltet und mit philosophischen Weisheiten geschmückt sind. Spinoza, Nietzsche und Wittgenstein oder Themen wie Leidenschaft, Wolken und Wasser kann man hier entdecken.
anna van den vondelstraat 6, vondelbuurt, www.hoteldefilosoof.nl, telefon: 020 6833013, preis: ab 105 €, straßenbahn: 1 j.p. heijestraat, 3, 12 overtoom

(F) Das **Hotel Arena** ist und bleibt eines der außergewöhnlichsten Hotels der Stadt. Das monumentale Gebäude ist nicht nur bei Touristen und Geschäftsleuten gefragt, sondern genießt auch bei Amsterdamern ein hohes Ansehen als Club. Vor allem freitags und samstags geht in der ehemaligen Kirche die Post ab. Die 121 Zimmer sind minimalistisch eingerichtet. Das Hotel verfügt über einen Parkplatz (24 Euro für 24 Stunden).
's-gravesandestraat 51, oosterpark, www.hotelarena.nl, telefon: 020 8502410, preis: ab 109 €, straßenbahn: 3 beukenweg, 7, 10 korte 's-gravesandestraat, 9, 14 mauritskade

(G) An der Oostelijke Handelskade liegt das **Lloyd Hotel**. In dem prachtvoll renovierten Wahrzeichen gibt es 120 Zimmer, deren Ausstattung von einem bis fünf Sterne variiert. Fünfzig Künstler und Designer wurden für die einzigartige Gestaltung der Räume engagiert. In der Lobby befindet sich auch ein Café-Restaurant, in dem es für jeden Geldbeutel etwas gibt. Ob Spaghetti oder Kalbsbries, die Speisekarte hält einiges bereit.
oostelijke handelskade 34, oostelijk havengebied, www.lloydhotel.com, telefon: 020 5613636, geöffnet: restaurant täglich 7.00-1.00, preis: ab 110 €, bus: 43 lloydplein, straßenbahn: 26 rietlandpark

(H) Wer gerne "nachhaltig" übernachten möchte, ist im **Conscious Hotel** richtig. Das umweltfreundliche Hotel mit 81 Zimmern liegt am Vondelpark. Die Schreibtische in den hellen Räumen bestehen aus recycelten Materialien, das Personal arbeitet nur mit 100% abbaubaren Reinigungsmitteln. Das Foyer ist mit einer Pflanzenwand und Designermöbeln eingerichtet. Zum Frühstück gibt es selbstverständlich ausschließlich Fair-Trade-Produkte.
overtoom 519-512, vondelpark/overtoomsesluis, www.conscioushotels.com, telefon: 020 8203333, preis: ab 115 €, straßenbahn: 1 overtoomsesluis

GEHOBENE PREISKLASSE

(I) Das **Hotel V** ist ein bezahlbares Boutiquehotel. Die schnörkellose Einrichtung wird durch Designelemente aufgepeppt. Es gibt kostenloses WLAN sowie Apple-Computer. Das moderne Hotel in zentraler Lage befindet sich in einem alten Gebäude aus dem 19. Jahrhundert, mitten im gemütlichen Viertel De Pijp. Eine weitere Dependance liegt bei der Amsterdam Arena.
weteringschans 136, frederiksplein, www.hotelv.nl, telefon: 020 6663233, preis: ab 130 €, straßenbahn: 4, 7, 10 weteringschans

(J) The **College Hotel** ist eine Unterkunft für Stilbewusste. In einem Schulgebäude aus dem 19. Jahrhundert untergebracht, bietet dieses Hotel ausgezeichneten Service. Es verfügt über eine wunderschöne Terrasse, und in der äußerst beliebten Bar sind die Yuppies des Viertels gern gesehene Gäste. Das Restaurant des Hotels ist ebenfalls sehr populär.
roelof hartstraat 1, oud-zuid, www.thecollegehotel.com, telefon: 020 5711511, preis: ab 175 €, straßenbahn: 3, 5, 12, 24 roelof hartplein

(K) Das an der Amstel gelegene luxuriöse **Amstel Hotel** hat fünf Sterne. Das stattliche Gebäude wird regelmäßig von Berühmtheiten aufgesucht wie Bono, den Rolling Stones und den Angehörigen der europäischen Königshäuser. Neben 55 Zimmern und 24 Suiten findet man hier das Toprestaurant La Rive, dessen klassische französische Küche mit einem Michelin-Stern ausgezeichnet wurde. Gespeist wird in angemessener Kleidung.
professor tulpplein 1, weesperplein, www.amstelamsterdam.com, telefon: 020 6226060, preis: ab 300 €, u-bahn: 51, 53, 54 weesperplein, straßenbahn: 7, 10 weesperplein

Unterwegs

Am leichtesten erreicht man Amsterdam mit dem **Zug**, vom Hauptbahnhof gelangt man zu Fuß direkt in die Stadt. Wenn Sie mit dem Auto kommen, parken Sie am besten im Parkhaus. Die Gebühren an der Straße variieren zwischen 1,40 und 5,00 Euro. Je dichter am Zentrum, desto teurer. An Automaten, an denen man mit Karte zahlen kann, gibt es Tageskarten. Günstiger ist es, das Auto auf einem **P+R** (Park-and-Ride)-Platz stehen zu lassen: Bei der Amsterdam ArenA, beim Bahnhof Sloterdijk, beim World Fashion Centre, bei Bos en Lommer, beim Olympiastadion und Zeeburg. Kosten: 8 Euro pro Tag (Höchstparkdauer 96 Stunden) inklusive P+R-Chipkarte für die Benutzung von Nahverkehrsmitteln des GVB (oder im Falle von Sloterdijk und ArenA inklusive einer Zugfahrkarte der Niederländischen Eisenbahnen AG) zur Weiterfahrt in die Innenstadt.

In den öffentlichen Verkehrsmitteln braucht man eine elektronische **OV-Chipkarte** mit Guthaben. Eine Alternative ist die anonyme, zeitlich begrenzte OV-Chipkarte, die es in Automaten an Bahnhöfen und U-Bahn-Stationen gibt. Einzel- und Tageskarten gibt es auch in der Straßenbahn (*www.ov-chipkaart.nl*).

Mit der **Straßenbahn** kommt man innerhalb der Stadt gut voran, die 16 Linien passieren fast alle den Hauptbahnhof. Wenn Ihr Ziel etwas außerhalb liegt, nehmen Sie am besten den **Bus**, nachts fahren auch Nachtbusse. Aktuelle Informationen finden Sie unter *www.gvb.nl*.

Die **U-Bahn-Linien** 53 und 54 verbinden den Hauptbahnhof mit dem Stadtteil Zuidoost. Linie 51 fährt vom Hauptbahnhof über Buitenveldert nach Amstelveen, Linie 50 vom Bahnhof Amsterdam Sloterdijk über den Bahnhof Zuid nach Gein.

Taxis kann man auf der Straße anhalten, außerdem gibt es mehrere Taxistände in der Stadt. Die bekannteste Taxizentrale ist TCA (020 7777777). Der Grundpreis beträgt 2,80 Euro, der Kilometerpreis 2,03 Euro je Kilometer und der Preis für Wartezeiten 0,34 Euro je Minute. Achten Sie darauf, dass der Taxifahrer sich an die Regeln hält. Am Hauptbahnhof stehen immer Taxis. Im Zentrum gibt es außerdem knallgelbe, elektrische Taxis. Oder lassen Sie sich im Zentrum für 1 Euro pro 3 Minuten im Fahrradtaxi kutschieren.

Wenn Sie es wie ein echter Amsterdamer machen wollen, steigen Sie dann selbst auf den Drahtesel. Sehr praktisch in der Stadt. **Leihfahrräder** gibt es am Hauptbahnhof (centraal station) und an vielen anderen Standorten (*www.macbike.nl, www.rentabike.nl*).

Eine echte Touristenattraktion ist das **Hop-on-hop-off-Boot**, mit vier Linien und zwanzig Haltestellen. Sie halten von den Grachten aus an den wichtigsten Museen, Einkaufsmeilen und Sehenswürdigkeiten. Mit einer Tageskarte können Sie einen Tag lang unbegrenzt bei allen Linien ein- und aussteigen. Auch am Abend fahren die Boote (*www.canal.nl*). An der Rokin kann man Touren mit einem der vielen **Rundfahrtboote** machen. Vom **Hop-on-hop-off-Bus** aus hat man ebenfalls eine schöne Aussicht (neun Haltestellen), eine Tageskarte kostet 18 Euro (*www.citysightseeingamsterdam.nl*).

Zentrum

Rotlichtviertel, Geschichte & Grachten

Dank seines Grachtengürtels hat Amsterdam einen wunderschönen Grundriss, der seit 2010 sogar zum UNESCO-Weltkulturerbe zählt. Während des Goldenen Zeitalters erhoben sich hier monumentale Gebäude mit großen Innengärten, und die Kalverstraat wandelte sich von einem staubigen Viehmarkt zur schicken Einkaufsstraße. Ganz so elegant ist sie mit den vielen Ladenketten und Menschenmassen jedoch nicht mehr. In unmittelbarer Nähe zur Kalverstraat findet man allerdings viele schöne Orte wie den Begijnhof und das Amsterdam Museum, und an der Nieuwezijds gibt es Boutiquen mit ausgefallener Mode von jungen Designern.

Die Straßen rund um die Oude Kerk (Alte Kirche) bilden den ältesten Teil der Innenstadt: De Wallen. Sie stammen noch aus dem Mittelalter, als der Handel mit Hering und Bier florierte. Heute liegt hier das berühmte Rotlichtviertel. Wer einen Blick hinter die Kulissen der Peepshows und Fensterprostitution werfen will, hat dazu am alljährlichen "Tag der offenen Tür" die Gelegenheit.

1

In Chinatown und auf dem Nieuwemarkt geht es besonders betriebsam zu. Vor allem der Zeedijk ist überfüllt mit asiatischen Geschäften und Lokalen, in denen sich Menschen aus aller Herren Länder treffen. Spazieren Sie zum Recht- und Kromboomssloot, zu den Grachten, an denen es früher nur so vor Matrosen wimmelte. Heute dagegen ist es hier relativ ruhig.

Der Dam ist das historische Herz der Stadt. Hier stehen das Nationaldenkmal, die Nieuwe Kerk (Neue Kirche) und der restaurierte Königliche Palast. Auch die Nes ist ein interessanter Teil Amsterdams. Man sieht es der Straße auf den ersten Blick nicht an, doch sie beherbergt eine Vielzahl von Theatern. Jeden Abend wird hier ein reichhaltiges Kulturprogramm geboten.

Sehen Sie selbst, dass das Zentrum noch eine ganze Menge mehr zu bieten hat als Coffeeshops, Prostituierte und Partygänger. Und machen Sie sich auf den Weg entlang idyllischer Grachten und traditionsreicher Giebelhäuser.

6 Insider-Tipps

Oudemanhuispoort

Inmitten von Studenten durch das Tor spazieren.

Café Bern

Das berühmte Käsefondue genießen.

Rembrandthuis

Das Haus des alten Meisters besichtigen.

Het Houten Huisje

In der kleinen Holzhütte Bio-Snacks essen.

SPR Specials

Designermode im Ausverkauf ergattern.

W139

Experimentelle Kunst bestaunen.

- ● **Sehenswürdigkeiten**
- ● **Shoppen**
- ● **Essen & Trinken**
- ● **100% there**

Sehenswürdigkeiten

(7) Der chinesisch-buddhistische **Tempel Fo Guang Shan He Hue** ist der größte seiner Art in Europa. Hier werden buddhistische Feste gefeiert, Chinesischkurse und Einführungen in den Buddhismus gegeben. Führungen finden täglich außer Sonntag statt. Bitte vorher reservieren.
zeedijk 106-118, www.ibps.nl, telefon: 020 4202357, geöffnet: di-sa 12.00-17.00, so 10.00-17.00, eintritt: frei, straßenbahn: 1, 2, 4, 5, 9, 13, 16, 17, 24, 25, 26 hauptbahnhof

(15) Bei einem Besuch im **Rembrandthaus** sieht man die Wohn- und Arbeitsräume des berühmten Malers, der hier von 1639 bis 1658 lebte, sowie seine Gemälde, Radierungen und Zeichnungen.
jodenbreestraat 4, www.rembrandthuis.nl, telefon: 020 5200400, geöffnet: täglich 10.00-18.00, eintritt: 12,50 €, straßenbahn: 9, 14 waterlooplein, u-bahn: 51, 53, 54 waterlooplein

(20) Das **Oudemanhuispoort** ist ein überdachter Durchgang, der vom Oudezijds Achterburgwal zum Kloveniersburgwal führt. Früher befanden sich hier Altersheime, heute gelangt man durch das Tor in den Innenhof der Universität. Zahlreiche Stände mit antiquarischen Büchern und Zeitschriften sind aufgebaut, dazwischen wimmelt es nur so von Studenten.
oudemanhuispoort, geöffnet: büchermarkt mo-sa 12.00-18.00, eintritt: frei, straßenbahn: 4, 9, 14, 16, 24, 25 muntplein

(22) Eine Oase der Ruhe in der lebhaften Altstadt ist der idyllische **Begijnhof**. In den kleinen Häusern rund um einen malerischen Innenhof lebten im Mittelalter fromme Frauen, die Kranke pflegten und Unterricht gaben.
begijnhof (eingang durch das tor am spui), geöffnet: täglich 9.00-17.00, eintritt: frei, straßenbahn: 1, 2, 5 spui, 4, 9, 14, 16, 24, 25 rokin

(23) Im **Amsterdam Museum** erzählen historische Dokumente, Filme, Fotos, Tonaufnahmen und Gemälde die Geschichte Amsterdams.
nieuwezijds voorburgwal 357 en kalverstraat 92, www.amsterdammuseum.nl, telefon: 020 5231822, geöffnet: täglich 10.00-17.00, eintritt: 10 €, straßenbahn: 1, 2, 5 spui, 4, 9, 14, 16, 24, 25 rokin

㉙ Der große, klassizistische Palast auf dem Dam war ursprünglich das Rathaus. Von 1808 an wurde er als **Königlicher Palast** genutzt, und heute noch finden hier offizielle Feierlichkeiten statt. 2013 hat dort Königin Beatrix mit Unterzeichnung der Abdankungsurkunde offiziell den Thron an ihren Sohn Willem-Alexander übergeben. Im Gebäude gibt es prächtig restaurierte Kronleuchter, wunderschöne Möbel und zahllose Meisterwerke zu entdecken.
dam 1, www.paleisamsterdam.nl, telefon: 020 6204060, geöffnet: juli-aug. 11.00-17.00 & sept.-juni 12.00-17.00 11.00-17.00 (mo sowie vor und während offiziellen empfängen geschlossen), eintritt: 10 €, straßenbahn: 1, 2, 4, 5, 9, 13, 14, 16, 17, 24, 25 dam

㉚ Ende des 14. Jahrhunderts wurde **De Nieuwe Kerk** (Neue Kirche) gebaut, weil die Oude Kerk (Alte Kirche) die Besucheranzahl nicht mehr bewältigen konnte. Alle sieben Inthronisierungen wurden in der Nieuwe Kerk vollzogen, so auch die letzte am 30. April 2013, bei der Willem-Alexander zum König der Niederlande ernannt wurde. Außerdem fand hier am 2. Februar 2002 die Hochzeitszeremonie von Willem-Alexander und Máxima statt. Das Gotteshaus ist auch regelmäßig die Kulisse für Kunst- und Fotoausstellungen.
dam 17, www.nieuwekerk.nl, telefon: 020 6386909, geöffnet: nur während ausstellungen, öffnungszeiten wechselnd, eintritt: wechselnd, straßenbahn: 1, 2, 4, 5, 9, 13, 14, 16, 17, 24, 25 dam

㉝ **De Oude Kerk** (Alte Kirche), das älteste Gebäude Amsterdams, ist ein geschütztes, europäisches Monument. Hier werden regelmäßig Konzerte und Ausstellungen gegeben.
oudekerksplein 23, www.oudekerk.nl, telefon: 020 6258284, geöffnet: mo-sa 10.00-17.30, so 13.00-17.00, eintritt: 5 €, straßenbahn: 1, 2, 4, 5, 9, 13, 16, 17, 24, 25 dam

㉞ Auf dem Dachboden eines Grachtenhauses liegt ganz versteckt eine Kirche aus dem 16. Jahrhundert. Als die offiziellen Kirchen reformiert wurden, durften alle Nicht-Reformierten ihren Gottesdienst nur in solchen verborgenen Gotteshäusern abhalten wie in **Ons' Lieve Heer op Solder** ("Unser lieber Herr auf dem Dachboden").
oudezijds voorburgwal 40, www.opsolder.nl, telefon: 020 6246604, geöffnet: mo-sa 10.00-17.00, so & feiertage 13.00-17.00, eintritt: 8 €, straßenbahn: 1, 2, 4, 5, 9, 13, 16, 17, 24, 25 hauptbahnhof

REMBRANDTHUIS ⑮

㊱ In der **Beurs van Berlage** wurde einst mit Getreide, Wertpapieren und Waren gehandelt. Architekt Berlage ließ sich beim Bau von der italienischen Architektur inspirieren. Doch sein größter Wunsch war eigentlich eine gerechtere Gesellschaft, in der es keinen Börsenhandel mehr geben würde. So weit kam es nicht, doch heute wird in dem Gebäude nicht mehr gehandelt, sondern es werden Konferenzen, Konzerte und Ausstellungen veranstaltet. Jeden Samstam finden Führungen über die Architekturkarriere Berlages statt.
damrak 243, www.beursvanberlage.nl, telefon: 020 5304141, geöffnet: wöchentliche führung sa 10.30-12.00, siehe webseite, führung 14,50 € inkl. verzehr, straßenbahn: 4, 9, 16, 24, 25 dam

Essen & Trinken

① Ein ganz unerwarteteter Ort liegt direkt gegenüber vom Hauptbahnhof: Bei **Dwaze Zaken** fühlt man sich gleich wie zu Hause. Es stehen leckere Tagesgerichte und Biere auf der Karte. Montagabends gibt es ein herrliches Überraschungsdinner für nur 6 Euro. Regelmäßige Jazzkonzerte und wechselnde Kunstausstellungen machen den Kneipenbesuch zum Erlebnis.
prins hendrikkade 50, www.dwazezaken.nl, telefon: 020 6124175, geöffnet: mo-sa 9.00-0.00, preis: 17 €, straßenbahn: 1, 2, 4, 5, 9, 13, 16, 17, 24, 25 hauptbahnhof

② Erleben Sie die authentische Atmosphäre des alten Amsterdam im Café **IntAepjen**. In dem urigen Ambiente sind viele seltene Stücke aus der Zeit der Ostindien-Kompanie zu entdecken. Seemänner konnten hier früher ihre Rechnung mit Affen bezahlen, die sie von ihren Reisen mitbrachten. Daher hat das Café mit der großen Auswahl an *jenever* und Likören seinen Namen.
zeedijk 1, telefon: 020 6268401, geöffnet: so-do 12.00-1.00, fr-sa 15.00-3.00, preis: 3 €, straßenbahn: 1, 2, 4, 5, 9, 13, 16, 17, 24, 25 hauptbahnhof

③ Der indische Koch ist schon dreißig Jahre im Geschäft, entsprechend lecker sind die nordindischen Gerichte, die im **Ganesha** serviert werden – und das zu fairen Preisen. Das Essen kann manchmal etwas scharf sein, daher passt zum würzigen Currygericht am besten ein Mango-Lassi.
geldersekade 5, www.ganesharestaurant.nl, telefon: 020 3207302, geöffnet: täglich 17.00-23.00, preis: 16 €, straßenbahn: 1, 2, 4, 5, 9, 13, 16, 17, 24, 25 hauptbahnhof

⑤ Das **Café Captein & Co** liegt in einem wunderschönen Teil Amsterdams: Von der Terrasse aus hat man eine großartige Aussicht auf den Oude Waal und den Montelbaantoren. Genießen Sie ein Bierchen mit Bitterballen (runde Fleischkroketten), einen Mahlzeitsalat oder eines der anderen leckeren Hauptgerichte.
binnen bantammerstraat 27, telefon: 020 6278804, geöffnet: mo-fr 16.00-1.00, sa-so 12.00-1.00, preis: 12,50 €, straßenbahn: 1, 2, 4, 5, 9, 13, 16, 17, 24, 25, 26 hauptbahnhof, u-bahn: 51, 53, 54 nieuwmarkt

CAFÉ DE JAREN ⑲

⑥ Bei **Hemelse Modder** wird sehr auf die Herkunft der Zutaten geachtet. Vor allem regionales Gemüse, nachhaltig gefangener Fisch und biologisches Fleisch werden hier zubereitet. Probieren Sie zum Nachtisch *hemelse modder*, eine wirklich himmlische Schokoladenmousse – garantiert aus fairem Handel.
oude waal 11, www.hemelsemodder.nl, telefon: 020 6243203, geöffnet: täglich ab 18.00, preis: 19,50 €, straßenbahn: 1, 2, 4, 5, 9, 13, 16, 17, 24, 25, 26 hauptbahnhof

24 HET HOUTEN HUISJE

(8) Über **Nam Kee** schrieb Kees van Beijnum das Buch *Die Austern von Nam Kee*. Das Restaurant kann sich also einiger Bekanntheit rühmen. Die authentisch-chinesischen Gerichte sind günstig, die Mitarbeiter äußerst nett.
zeedijk 111-113, www.namkee.net, telefon: 020 6243470, geöffnet: täglich 12.00-23.00, preis: 12 €, straßenbahn: 1, 2, 4, 5, 9, 13, 16, 17, 24, 25, 26 bahnhof, u-bahn: 51, 53, 54 nieuwmarkt

(9) **Latei** ist so ein Laden, den man im Rotlichtviertel zwischen all den China-Restaurants nicht erwarten würde. Außer sehr gutem Kaffee werden hier Kuriosa aus den 1960er- und 1970er-Jahren angeboten. Alles, was Sie dort sehen, steht zum Verkauf, inklusive des Stuhls, auf den Sie sich setzen.
zeedijk 143, www.latei.net, telefon: 020 6257485, geöffnet: mo-mi 8.00-18.00, do-fr 8.00-22.00, sa 9.00-22.00, so 11.00-18.00, preis: 4 €, straßenbahn: 1, 2, 4, 5, 9, 13, 16, 17, 24, 25 hauptbahnhof, u-bahn: 51, 53, 54 nieuwmarkt

(10) Bei **A-Fusion** findet man eine breit gefächerte Auswahl an asiatischen Speisen. Spezialität des Hauses sind Gerichte aus Foochow, der Heimat der Inhaberinnen. Doch auch das Sushi ist sehr empfehlenswert.
zeedijk 130, www.a-fusion.nl, telefon: 020 3304068, geöffnet: täglich 12.00-23.00, preis: 13 €, straßenbahn: 1, 2, 4, 5, 9, 13, 16, 17, 24, 25, 26 hauptbahnhof, u-bahn: 51, 53, 54 nieuwmarkt

(11) Das **Café Bern** wurde von einem Schweizer Kernphysiker eröffnet, der in den Niederlanden ein neues Leben beginnen wollte. In seinem Restaurant bekommt man das beste Käsefondue der Stadt. Auch das Entrecôte, das man selber am Tisch zubereitet, ist ausgezeichnet.
nieuwmarkt 9, telefon: 020 6220034, geöffnet: täglich 16.00-1.00, preis: 18 €, straßenbahn: 1, 2, 4, 5, 9, 13, 16, 17, 24, 25, 26 hauptbahnhof, u-bahn: 51, 53, 54 nieuwmarkt

(12) Wenn Sie eine gemütliche Kneipe suchen, wo Sie ohne viel Schnickschnack ein gutes Bierchen trinken können, sind Sie im **Café 't Loosje** an der richtigen Adresse. Hier gibt es auch Frühstück und Mittagessen.
nieuwmarkt 32-34, telefon: 020 6272635, geöffnet: täglich 11.00-1.00, sa-so 11.00-3.00 (küche 11.00-17.00), preis: 2 €, straßenbahn: 1, 2, 4, 5, 9, 13, 16, 17, 24, 25, 26 hauptbahnhof, u-bahn: 51, 53, 54 nieuwmarkt

(14) **De Engelbewaarder** begann einst als Literaturcafé, inzwischen fühlen sich in der angenehmen Atmosphäre nicht nur die Bücherfreunde wohl. Man kann aus einer Vielzahl belgischer Biere wählen, jeden Sonntagmittag ab 16.30 Uhr gibt es jazzige Livemusik. Probieren Sie auch die leckeren und preisgünstigen Snacks.
kloveniersburgwal 59, www.cafe-de-engelbewaarder.nl, telefon: 020 6253772, geöffnet: so-do 11.00-1.00, fr-sa 11.00-3.00, preis: getränk 3 €, straßenbahn: 1, 2, 4, 5, 9, 13, 16, 17, 24, 25, 26 hauptbahnhof, u-bahn: 51, 53, 54 nieuwmarkt

(19) Das **Café de Jaren** ist eines der größten Cafés Amsterdams. In dem hellen Gebäude mit hohen Decken kann man tagsüber in Ruhe Kaffee trinken und Zeitung lesen. Abends kommt man auf ein Bierchen her oder um einen Happen zu essen. Die Terrasse am Wasser ist oft voll, es gibt jedoch eine weitere auf der ersten Etage – mit toller Aussicht aufs Zentrum.
nieuwe doelenstraat 20, www.cafedejaren.nl, telefon: 020 6255771, geöffnet: so-do 9.30-1.00, fr-sa 9.30-2.00, preis: getränk 3 €, straßenbahn: 4, 9, 16, 24, 25 muntplein

(24) Auf der Speisekarte von **Het Houten Huisje** finden Sie vor allem viel frische, magere und biologische Produkte wie Wraps, Salate und diverse Suppen. Außerdem gibt es hier köstliche belgische Pommes (natürlich auch bio) mit hausgemachter Tatarensoße – herrlich zu einem Bio-Burger. Kurz: bewusst genießen in einem winzigen Restaurant.
nieuwezijds voorburgwal 289, www.hethoutenhuisje.com, telefon: 020 6256542, geöffnet: mo-mi 11.00-18.00, do-fr 11.00-19.00, sa-so 11.00-18.00,, preis: sandwich 5 €, straßenbahn: 1, 2, 5 spui, 4, 9, 14, 16, 24, 25 rokin

(28) Im Travestie-Restaurant **'t Sluisje** geht es ausgelassen zu, und am Ende des Abends wird schon mal auf den Tischen getanzt. Während des Drei-Gänge-Menüs erlebt man eine unvergessliche Travestieshow. Seien Sie vor der Bedienung gewarnt, die "Damen" treiben gerne Unfug. Am besten früh kommen, um noch einen Platz zu erwischen.
torensteeg 1, www.sluisje.nl, telefon: 020 6240813, geöffnet: do & so ab 19.00, fr-sa 18.00-20.30 oder ab 21.00, schließungszeit wechselnd, preis: drei-gänge-menü & show 45 €, straßenbahn: 1, 5, 17 dam/raadhuisstraat

METROPOLITAN DELI ㉜

㉜ Kennen Sie den Film Chocolat? Bei **Metropolitan Deli** finden Schokoladenfans einen ebenso verführerischen Ort vor. Die Kreativität in Bezug auf Schokolade kennt hier keine Grenzen. Probieren Sie auch das nach traditionellem Rezept hergestellte italienische Eis. Regelmäßig werden auch Verkostungen angeboten.
warmoesstraat 135, www.metropolitandeli.nl, telefon: 020 3301955, geöffnet: täglich 9.00-1.00, preis: stück torte/ kuchen 3 €, straßenbahn: 1, 2, 4, 5, 9, 13, 14, 16, 17, 24, 25 dam

Shoppen

④ **Catta Donkersloot** verkauft in ihrem Laden ihre selbst entworfenen Modekreationen, häufig limitierte Editionen, sowie Fotos und Arbeiten anderer Künstler. Die Drucke auf ihrer Kleidung werden im dazugehörigen Atelier handgefertigt. Hier gibt es noch bezahlbare Haute Couture. Es werden auch Näh- und Designkurse angeboten.
geldersekade 65sou, www.catta.nl, telefon: 06 24894183, geöffnet: mi-fr 10.00-18.00, sa 12.00-18.00, straßenbahn 1, 2, 4, 5, 9, 13, 16, 17, 24, 25 centraal station

⑬ Bei **The End** gibt es eine große Auswahl an Stiefeln, Pumps und Kleidung, die hier nicht Secondhand, sondern "Vintage" genannt wird. Kleidung kann eben auch durch ihre Bezeichnung aufgewertet werden. Doch leider muss man für den echten Vintagelook auch ein bisschen tiefer in die Tasche greifen.
nieuwe hoogstraat 5, telefon: 020 6253162, geöffnet: mo 12.00-19.00, di-sa 10.30-19.00, so 12.00-18.30, u-bahn: 51, 53, 54 nieuwmarkt

⑯ Direkt hinter dem Rathaus und dem Musiktheater befindet sich der **Waterlooplein**. An gut und gerne 300 Ständen bieten Händler hier hauptsächlich Secondhandware an, getreu dem Motto: "Es gibt nichts, was es hier nicht gibt." Echte Schnäppchen sind selten, aber das Stöbern macht trotzdem großen Spaß.
waterlooplein, www.waterloopleinmarkt.nl, geöffnet: mo-sa 9.00-18.00, straßenbahn: 9, 14, u-bahn: 51, 53, 54 waterlooplein

⑰ Bei **Puccini** gibt es verführerische Schokoladenkreationen, besser gesagt Bomboni. Sie haben die Wahl zwischen traditionellen Pralinen mit Karamell oder Marzipan und den exotischen Varianten mit Zitronengras oder Pfeffer.
staalstraat 17, www.puccinibomboni.com, telefon: 020 6265474, geöffnet: so-mo 12.00-18.00, di-sa 9.00-18.00, straßenbahn: 4, 9, 14, 16, 24, 25 muntplein

OPEN SHOP ㉕

⑱ **Droog Design** hat beim weltweiten Durchbruch des Dutch Design eine wichtige Rolle gespielt. In diesem Geschäft mit Ausstellungsraum gibt es die Entwürfe des weltberühmten niederländischen Designkollektivs sowohl für kleine als auch für große Budgets.
staastraat 7b, www.droog.com, telefon: 020 5235059, geöffnet: di-so 11.00-18.00, straßenbahn: 4, 9, 14, 16, 24, 25 muntplein

㉕ **Open Shop** verkauft Mode von jungen niederländischen Designern. Diese können im Geschäft einen Kleiderständer mieten und dort ihre neuesten Kreationen ausstellen. So wissen sie gleich, ob ihre Entwürfe dem Publikum gefallen. Hier gibt es beispielsweise Leinentaschen mit dem Aufdruck "Your husband called; you can buy whatever you like" – ein wunderbarer Freibrief für alle Shopaholics.
nieuwezijds voorburgwal 291, www.openshopamsterdam.com, telefon: 020 5286963, geöffnet: fr-mi 12.00-18.00, do 12.00-21.00, straßenbahn: 1, 2, 5, 13, 17 dam

㉖ **SPR Specials** ist der Outletshop von SPRMRKT an der Rozengracht. Hier werden die schönsten Designerklamotten der letzten Saison verkauft, und das natürlich viel günstiger. Alle vier bis sechs Monate gibt es neue tolle Sachen für Damen und Herren von den Marken Acne, Damir Doma und 7d.
nieuwezijds voorburgwal 262, www.sprmrkt.nl, geöffnet: täglich 12.00-18.00, straßenbahn: 1, 2, 5, 13, 17 dam

㉗ Für Japan-Liebhaber ist **'t Japanse Winkeltje** ein absolutes Muss. Seit dem Umbau im März 2010 ist das Geschäft schlicht und geradlinig gestaltet, damit die subtile Schönheit der japanischen Designobjekte optimal zur Geltung kommt.
nieuwezijds voorburgwal 177, www.japansewinkeltje.nl, telefon: 020 6279523, geöffnet: di-sa 10.00-18.00, straßenbahn: 1, 2, 5, 13,17 dam

'T JAPANSE WINKELTJE (27)

100% there

㉑ Auf den ersten Blick sieht man es ihr nicht an, aber **De Nes** ist Amsterdams Theaterstraße schlechthin. Vor allem abends und sonntagnachmittags, wenn das Frascati Theater, das älteste Theater der Straße, das Comedy Theater, das Brakke Grond und das Torpedo Theater ihre Türen geöffnet haben, ist hier einiges los. Die Gasse mit dem Namen Gebed zonder End ("endloses Gebet") erinnert an die vielen Kloster, die im Mittelalter die Stadt füllten.
nes, straßenbahn: 1, 2, 4, 5, 9, 13, 14, 16, 17, 24, 25 dam

㉛ **W139** in der Warmoesstraat ist eine Galerie mit internationalem Ruf. In diesem Schmelztiegel der bildenden Künste experimentieren Künstler, außerdem finden regelmäßig Feste, Konzerte, Tanzaufführungen und andere Aktivitäten statt. Lassen Sie sich in der Galerie mit dem industriellen Charakter von zeitgenössischen Kunstprojekten überraschen.
warmoesstraat 139, www.w139.nl, telefon: 020 6229434, geöffnet: fr-mi 12.00-18.00, do 12.00-22.00, eintritt: frei, straßenbahn: 1, 2, 4, 5, 9, 13, 14, 16, 17, 24, 25 dam

㉟ Bei **Brouwerij de Prael** nimmt man am besten an einer Führung teil, anschließend gönnt man sich an der Bar ein Bier, das nach einem niederländischen Schlagerstar benannt ist. Wie wär's zum Beispiel mit einem köstlichen Johnny, Heintje oder Willeke? Bemerkenswert ist auch das soziale Engagement der Brauerei: Sie bietet psychisch kranken Menschen Ausbildungsplätze.
oudezijds voorburgwal 30, www.deprael.nl, telefon: 020 4084470, geöffnet: bierprobe di-sa 12.00-0.00, so 12.00-23.00, führungen von einer Stunde di-fr 13.00-18.00, sa 13.00-17.00, so 14.00-17.00, führung 7,50 €, bierprobe 10 €, führung & bierprobe 16,50 €, straßenbahn: 1, 2, 4, 5, 9, 13, 17, 24, 25 hauptbahnhof

Zentrum

SPAZIERGANG 1

Gehen Sie vom Hauptbahnhof Richtung Prins Hendrikkade (1) (2). Weiter die Geldersekade hinauf, um für abends einen Tisch beim Inder zu reservieren (3). Für Mode weiter zu Catta Donkersloot (4). Dann links in den Waalsteeg und rechts auf ein Bier (5) oder eine perfekte Schokoladenmousse (6). Rechts in die Montelbaanstraat abbiegen. Am Recht Boomssloot wieder rechts bis zur Geldersekade. Gehen Sie links über die erste Brücke, nehmen Sie die zweite links, den Zeedijk hoch, und ab in die Buddhistenwelt (7). Schlürfen Sie Austern (8), genießen Sie Kaffee und Kuchen (9) oder asiatische Küche (10). Gehen Sie zum Nieuwmarkt, in die urige Kneipe mit dem besten Käsefondue (11) (12). Links am Wasser den Kloveniersburgwal entlang. Zum Shoppen in die Nieuwe Hoogstraat (13). Trinken Sie ein belgisches Bier oder essen Sie etwas (14). Biegen Sie links ab in die Raamgracht und halten Sie sich am Ende links. Unter dem Wohnungskomplex durchgehen, bis zur Sint Antoniebreestraat. Tauchen Sie in der Jodenbreestraat in das Leben von Rembrandt ein (15). Über den Waterlooplein (16) am Rathaus entlanggehen. Überqueren Sie die Brücke über die Amstel; in der Staalstraat gibt es tolle Läden (17) (18). Links abbiegen in die Nieuwe Doelenstraat (19), wieder umkehren. Dann an der Universität entlang und durch den Oudemanhuispoort (20) zum Oudezijds Achterburgwal. Links abbiegen, dann gleich wieder rechts über die Brücke und dann rechts die Nes (21), die Theaterstraße, entlangspazieren. Gehen Sie über die Rokin, über den Spui und biegen rechts ab. Dann durch das Tor und eine Oase der Ruhe im Begijnhof (22) entdecken. Links abbiegen in den Gedempte Begijnensloot und über den Hof des Amsterdam Museum (23) zu den Läden (24) (25) (26) (27). Spazieren Sie zum Molsteeg (28) und zurück, um am Dam Kultur und Architektur zu erleben (29) (30). Gehen Sie links und überqueren Sie die Damrak zum Denkmal und dann links ab in die Warmoesstraat (31) (32). Rechts abbiegen in die Sint Annenstraat, die erste links nehmen in die Sint Annendwarsstraat bis zum Oudekerkseplein zu einer Ausstellung oder einem Konzert (33). Biegen Sie links ab auf den Oudezijds Voorburgwal (34) (35). Auf der Höhe der Armbrug links abbiegen, an der Warmoesstraat links, dann rechts. Hier steht das Bauwerk eines der größten Architekten Amsterdams (36).

① Dwaze Zaken
② Int Aepjen
③ Ganesha
④ Catta Donkersloot
⑤ Café Captein & Co
⑥ Hemelse Modder
⑦ Fo Guang Shan He Hue Tempel
⑧ Nam Kee
⑨ Latei
⑩ A-Fusion
⑪ Café Bern
⑫ Café 't Loosje
⑬ The End
⑭ De Engelbewaarder
⑮ Rembrandthuis
⑯ Waterlooplein
⑰ Puccini
⑱ Droog Design
⑲ Café de Jaren
⑳ Oudemanhuispoort
㉑ De Nes
㉒ Begijnhof
㉓ Amsterdam Museum
㉔ Het Houten Huisje
㉕ Open Shop Amsterdam
㉖ SPR Specials
㉗ 't Japanse Winkeltje
㉘ 't Sluisje
㉙ Königlicher Palast
㉚ De Nieuwe Kerk
㉛ W139
㉜ Metropolitan Deli
㉝ De Oude Kerk
㉞ Ons' Lieve Heer op Solder
㉟ Brouwerij de Prael
㊱ Beurs van Berlage

Jordaan & Westerpark

Shopping, Kultur und Gemütlichkeit

Wie das Jordaan-Viertel zu seinem Namen kam, weiß keiner so genau. Manche behaupten, er käme vom Fluss Jordan, andere vermuten dahinter das französische *jardin* (Garten), weil hier so viele Straßen nach Blumen benannt wurden.

Fest steht, dass dieses Viertel mit seinen hippen Geschäften und vielen Restaurants das beliebteste der Stadt ist. Heute kann man sich kaum noch vorstellen, dass dies einst ein armes Arbeiterviertel war. In den Gebäuden waren früher Handwerksbetriebe untergebracht, heute findet man hier schöne Geschäfte und Appartements. Da die Mietpreise extrem in die Höhe geschossen sind, wohnen hier vor allem Besserverdiener. Studenten mit wohlhabenden Eltern und Yuppie-Eltern mit *bakfietsen* (Transportfahrräder) bestimmen das Straßenbild zwischen den schmalen Grachten. Die charakteristischen Häuser strahlen eine erhabene Schönheit aus, und stolz überragt die Westerkerk die benachbarten Gebäude. An der Prinsengracht steht noch

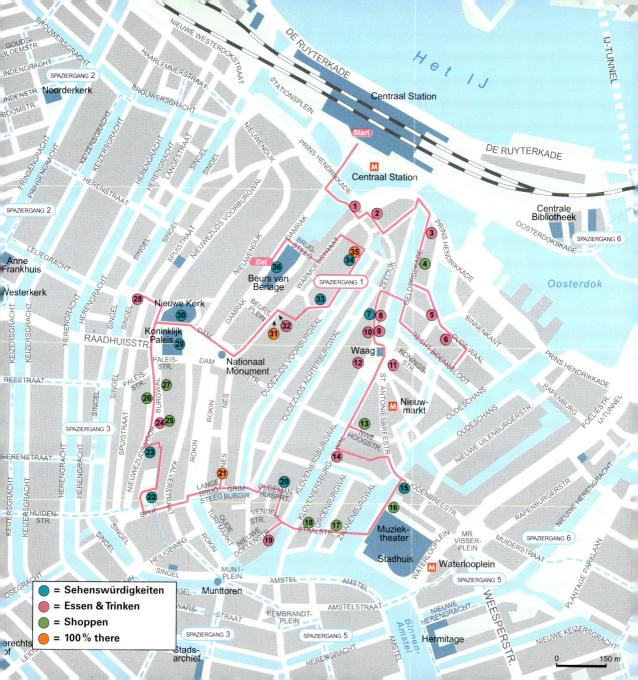

das Haus, in dem Anne Frank ihr Tagebuch geschrieben hat, und dann ist da auch die absolut romantische Brouwersgracht. Der dörfliche Charakter dieses Viertels ergibt sich nicht zuletzt aus der Tatsache, dass hier keine Busse oder Trams fahren und auch kaum Autos.

Im vielseitigen Westerpark gibt es außer Natur ein abwechslungsreiches Kulturangebot mit Konzerten, Festivals und Fernsehstudios. Eine bunte Mischung aus Kreativen, Produkten und Produktionen findet man im Ketelhuis, im Pacific Parc und bei Proef Amsterdam. Das Gelände eignet sich auch hervorragend zum Spazierengehen, Entspannen oder Frisbee spielen.

Eine der schönsten Einkaufsstraßen der Niederlande ist die Haarlemmerdijk: keine Ladenketten, sondern durchweg kleine Fachgeschäfte. Bei Papabubble werden vor Ihren Augen Bonbons hergestellt und in den vielen Boutiquen können Sie sich mit Vintagemode und den neuesten Kollektionen eindecken. Außerdem warten viele Kneipen und Restaurants darauf, von Ihnen entdeckt zu werden.

6 Insider-Tipps

Noordermarkt

Samstags über den Biomarkt schlendern

Anne Frank Haus

Sehen, wo Anne Frank ihr Tagebuch schrieb.

The Movies

Ins (Art-déco-) Kino gehen.

Weinbar di'Vino

Italienischen Wein kosten.

Cherry Sue Design

Maßgeschneiderte 50er-Jahre-Kleider anprobieren.

Westergasgelände

In der alten Gasfabrik Kultur erleben.

- **Sehenswürdigkeiten**
- **Shoppen**
- **Essen & Trinken**
- **100% there**

Sehenswürdigkeiten

(2) Im prachtvollen **Westindienhaus**, dem einstigen Hauptsitz der niederländischen Westindien-Kompanie, tagten früher deren 19 Vorstandsmitglieder. Die sogenannten "Heren XIX", die mit Gold, Zucker, Kaffee und auch mit Sklaven handelten, beschlossen an diesem Ort, ein Fort auf der Insel Manhattan zu bauen: der Grundstein für die heutige Stadt New York.
herenmarkt 99, geöffnet: nicht öffentlich zugänglich, straßenbahn: 1, 2, 4, 5, 9, 13, 16, 17, 24, 25 hauptbahnhof

(5) Im weltberühmten **Anne Frank Haus** kann man den Unterschlupf der jüdischen Familie Frank besichtigen. Durch den drehbaren Bücherschrank gelangt man in das ehemalige Versteck, wo auch das Original-Tagebuch von Anne Frank ausliegt. Am frühen Morgen ist die Schlange nicht ganz so lang.
prinsengracht 267, www.annefrankhuis.nl, telefon: 020 5567100, geöffnet: nov.-märz so-fr 9.00-19.00, sa bis 21.00, april-juni & sept.-okt. so-fr 9.00-21.00, sa bis 22.00, juli-aug. täglich 9.00-22.00, eintritt: 9 €, straßenbahn: 13, 14, 17 westermarkt

(6) Der 85 m hohe Turm der **Westerkerk** ist das Wahrzeichen des Jordaan-Viertels. Am 10. März 1966 wurden hier Prinzessin Beatrix und Prinz Claus kirchlich getraut. In der Kirche finden Gottesdienste und Konzerte statt.
prinsengracht 281, www.westerkerk.nl, telefon: 020 6247766, geöffnet: mo-fr 10.00-17.00, sa 11.00-15.00, eintritt: frei, straßenbahn: 13, 14, 17 westermarkt

(12) Das **Theo Thijssen Museum** befindet sich im Geburtshaus des Amsterdamer Autors, der auch Lehrer, Gewerkschaftler und Politiker war.
eerste leliedwarsstraat 16, www.theothijssenmuseum.nl, telefon: 020 4207119, geöffnet: do-so 12.00-17.00, eintritt: 3 €, straßenbahn: 13, 14, 17 westermarkt

(24) Die monumentale **Noorderkerk** wurde Anfang des 17. Jahrhunderts für die Bewohner des nördlichen Jordaan-Viertels gebaut.
noordermarkt 48, www.noorderkerk.org, telefon: 020 6266436, geöffnet: mo 10.30-12.30, sa 11.00-13.00,, eintritt: frei, straßenbahn: 13, 14, 17 westermarkt

Essen & Trinken

(4) In dem gemütlichen Lokal **Spanjer & van Twist** kann man gut und preiswert zu Mittag und Abend essen. Es gibt einen großen Lesetisch und eine wunderbare Terrasse an der Gracht, durch die die Boote schippern.
leliegracht 60, www.spanjerenvantwist.nl, telefon: 020 6390109, geöffnet: täglich 10.00-1.00, preis: 15 €, straßenbahn: 13, 14, 17 westermarkt

(11) **Mantoe** ist eines der wenigen afghanischen Restaurants in Amsterdam. Das Essen erinnert an die türkische und indische Küche. Das modern eingerichtete Lokal mit der noch weitgehend unbekannten Küche lohnt sich.
tweede leliedwarsstraat 13, www.restaurantmantoe.nl, telefon: 020 4216374, geöffnet: mi-so 17.00-22.30, preis: 22,50 €, straßenbahn: 14, 17 westermarkt

(15) Studenten, Bierliebhaber und Intellektuelle diskutieren im sympathischen **Café de Tuin** über Gott und die Welt. Hier herrscht eine lockere Atmosphäre, in der man typisch belgische Biere probieren kann.
tweede tuindwarsstraat 13, telefon: 020 6244559, geöffnet: mo-do 10.00-1.00, fr-sa 10.00-3.00, so 11.00-1.00, preis: bier 3 €, straßenbahn: 13, 14, 17 westermarkt

(19) Im **Cinema Paradiso** ist eigentlich immer was los. In dem schönen, hellen Raum werden italienische Spezialitäten serviert: Antipasti, Bruschetta, Pizza und Pasta und zum Nachtisch Sgroppino. Reservieren ist nicht möglich, dafür gibt es eine tolle Bar, an der sich die Wartezeit gut aushalten lässt.
westerstraat 184-186, www.cinemaparadiso.info, telefon: 020 6237344, geöffnet: mi-so 18.00-0.00, preis: 15 €, straßenbahn: 13, 14, 17 westermarkt

(21) Wer eine echte Amsterdamer Nacht mitmachen möchte, der feiert im **Café Nol** mit Studenten, Anwohnern und anderen Nachtschwärmern bis zum Morgengrauen. Das etwas kitschige Café ist im ganzen Jordaan-Viertel bekannt, und hier herrscht ab dem späten Nachmittag richtig gute Stimmung, wenn die niederländischen Schlager gespielt werden.
westerstraat 109, www.cafenol-amsterdam.nl, telefon: 020 6245380, geöffnet: mi-so 21.00-4.00, preis: bier 3 €, straßenbahn: 13, 14, 17 westermarkt

WINKEL 43 ㉕

㉒ Die perfekte Adresse für ein gutes Glas Wein: **Wijnbar di'Vino**. Hier kommen die edlen Tropfen direkt vom Winzer in Italien. Auch die Antipasti sind ausgezeichnet, und täglich steht eine andere Pastaspezialität auf der Karte. An Sonntagen kann man dem Koch sogar bei der Zubereitung eines Drei-Gänge-Menüs in der offenen Küche zusehen. Viva la dolce vita.
boomstraat 41a, www.wijnbardivino.nl, telefon: 020 8452207, geöffnet: mo-do 17.00-0.00, fr 17.00-2.00, sa 12.00-2.00, so 16.00-0.00, preis: 17 €, straßenbahn: 13, 14, 17 westermarkt

㉓ Das gemütliche und ein bisschen altmodische **Restaurant Koevoet** liegt auf einer typischen Amsterdamer Zwischenetage. Die Bedienung serviert die köstlichsten Gerichte: gegrillten Welsspieß, mariniertes Kalbsmedaillon und außergewöhnliche Pasta. Zum Nachtisch gibt es Schokoladenmousse oder ein "Bokkenpotjesparfait" (holländisches Mandelgebäck).
lindenstraat 17, telefon: 020 6240846, geöffnet: di-so 18.00-22.00, preis: 28 €, straßenbahn: 13, 14, 17 westermarkt

㉕ **Winkel 43** ist ein beliebtes Lokal im Herzen des Jordaan-Viertels, in dem man vorzüglichen Apfelkuchen bekommt. Im Sommer ist die Terrasse mit den langen Holztischen immer voll. Der ideale Ort, um samstags oder montags nach einem Besuch auf dem Noordermarkt Energie zu tanken.
noordermarkt 43, www.winkel43.nl, telefon: 020 6230223, geöffnet: mo 7.00-1.00, di-do 8.00-1.00, fr 8.00-3.00, sa 7.00-3.00, so 10.00-1.00, preis: 12,50 €, straßenbahn: 13, 14, 17 westermarkt

㉗ Vor allem am Freitagnachmittag kann es bei **Proust** ziemlich voll werden. In dieser beliebten Kneipe gibt es neben leckeren, einfachen Gerichten auch gute Drinks – die Barkeeper gehen völlig in ihrem Beruf auf.
noordermarkt 4, proust.nl, telefon: 020 6239145, geöffnet: mo 9.00-1.00, di-do & so 12.00-1.00, fr 12.00-3.00, sa 9.00-3.00, preis: 15 €, straßenbahn: 13, 14, 17 westermarkt

㉘ In der Tapasbar **Duende** erleben Sie einen gelungenen Abend in lockerer Atmosphäre und mit leckeren, bezahlbaren Tapas.
lindengracht 62, www.cafe-duende.nl, telefon: 020 4206692, geöffnet: täglich 16.00-0.00, preis: tapa 5 €, straßenbahn: 13, 14, 17 westermarkt

㉟ Wenn man den Einheimischen glauben darf, dann macht die **Bakkerij Mediterrane** die besten Croissants der Stadt. Die Fotos der Kunden, die die Wand schmücken, zeugen von der Beliebtheit des marokkanischen Bäckers. In der gut gefüllten Vitrine findet man nordafrikanische Delikatessen mit Mandeln, Feigen, Datteln und Pistazien.
haarlemmerdijk 184, telefon: 020 6203550, geöffnet: mo-sa 8.00-19.30, so 8.00-18.00, preis: 1,50 €, straßenbahn: 3 haarlemmerplein

BAKKERIJ MEDITERRANE 35

Shoppen

(1) Wer auf der Suche nach originellen Wohnaccessoires oder einem netten Geschenk ist, sollte bei **&klevering** vorbeischauen. Neben der Hausmarke &k amsterdam finden Sie hier auch Produkte von HAY, Iittala, Normann Copenhagen oder ferm LIVING. &klevering hat übrigens auch noch eine Filiale in Oud-Zuid (Jacob Obrechtstraat 19a). Sie können sich nicht so schnell entscheiden? Kein Problem, denn der Laden hat auch einen Webshop.
haarlemmerstraat 8, www.klevering.nl, telefon: 020 4222708, geöffnet: mo 12.00-19.00, di-fr 10.00-19.00, sa 10.00-18.00, so 12.00-18.00, straßenbahn 1, 2, 4, 5, 9, 13, 16, 17, 24, 25 centraal station

(3) Bei **ilovevintage** hängt eine schicke, gut sortierte Kollektion Secondhand-kleidung mit Mode aus den 1940er- bis 1980er-Jahren. Hier findet man das Richtige für jeden Anlass – ob Anzug, Abendkleid oder casual.
prinsengracht 201, www.ilovevintage.nl, telefon: 020 3301950, geöffnet: mo-sa 9.30-18.00, straßenbahn: 13, 14, 17 westermarkt

(7) **Kitsch Kitchen** begann seine Erfolgsgeschichte mit dem Marktverkauf von mexikanischen Plastiktischdecken. Inzwischen ist der kunterbunte Haushaltswarenladen mit den pinkfarbenen Wänden, großen Plastikeinkaufs-wagen und originellen Geschenken aus aller Welt ein Shoppingparadies.
rozengracht 8-12, www.kitschkitchen.nl, telefon: 020 4620051, geöffnet: mo-sa 10.00-18.00, so 12.00-17.00, straßenbahn: 13, 14, 17 westermarkt

(8) Bei **Guus** gibt es Taschen aus Feuerwehrschläuchen und welche mit lustigen "Schweineschnuten". In diesem Geschäft werden nur umwelt-freundliche Produkte angeboten.
rozengracht 104, www.dewinkelvanguus.nl, telefon: 020 6361613, geöffnet: mo 12.00-17.00, di-fr 11.00-18.00, sa 11.00-17.00, straßenbahn: 13, 14, 17 westermarkt

RAW MATERIALS ⑩

⑨ SPRMRKT

⑨ Wer auf der Suche nach Sammlerstücken aus den 1960er-, 1970er- und 1980er-Jahren ist, für den muss **SPRMRKT** der siebte Himmel sein. Auf 450 m² findet man Möbel, Bikinis, Hemden, Schals und Musik. Außerdem gibt es Kunst, eine hauseigene Modelinie und weitere 30 m² voller Kleidungsstücke der britischen Topshop-Kollektion.
rozengracht 191-193, www.sprmrkt.nl, telefon: 020 3305601, geöffnet: mo 12.00-18.00, di-mi & fr-sa 10.00-18.00, do 10.00-20.00, so 13.00-18.00, straßenbahn: 3, 14, 17 rozengracht

⑩ **Raw Materials** verkauft unpolierte, verwitterte, gebrauchte und uralte Designobjekte, die alle ihre eigene Geschichte erzählen. Das Geschäft und die Produkte haben alle einen starken industriellen Charakter.
rozengracht 231, www.rawmaterials.nl, telefon: 020 4213893, geöffnet: mo 12.00-18.00, di-mi & fr-sa 10.00-18.00, do 10.00-19.00, straßenbahn: 10, 13, 14, 17 marnixstraat

⑬ Im Modeatelier **Cherry Sue** fühlt man sich in die 1950er-Jahre zurückversetzt. Die Kleider im Retro-Stil werden hier alle handgefertigt. Wenn gerade nichts nach Ihrem Geschmack dabei ist, lassen Sie sich Ihr Kleid doch einfach aus einem selbst mitgebrachten Stoff maßschneidern.
eerste leliedwarsstraat 6, www.cherrysue.com, telefon: 020 6233766, geöffnet: di-sa 13.00-18.30, so-mo nach vereinbarung, straßenbahn: 13, 14, 17 westermarkt

⑭ In der Secondhandkollektion von **De Kleedkamer** kann man so manchen Schatz entdecken: fast ungetragene Prada-Schuhe, Diesel-Jeans und wunderschöne Kleider, die noch so gut wie neu sind. In der Vitrine gibt es prächtigen Schmuck und schicke Hüte. Das alles übrigens nur für die Dame.
tweede egelantiersdwarsstraat 8, www.dekleedkamer.com, telefon: 020 4210838, geöffnet: mo & mi-sa 11.00-18.00, straßenbahn: 13, 14, 17 westermarkt

⑯ Im Jordaan-Viertel kann man sich über einen Mangel an Secondhandläden nicht beklagen. Auch bei **Haasje Over** gibt es eine tolle Kollektion aus Einzelstücken: Vintagekleider, Schuhe und andere Klamotten sind ordentlich sortiert, sodass man schnell etwas Schönes in der richtigen Größe findet.
tweede tuindwarsstraat 2hs, telefon: 020 6258801, geöffnet: mo-sa 10.00-18.00, straßenbahn: 13, 14, 17 westermarkt

⑰ Sind Sie auf der Suche nach einem bequemen, altmodischen Pullover oder der ultimativen Sixties-Hose? Bei **Moriaan** gibt es eine große Auswahl an hochwertiger Vintagemode für Männer, Frauen und Kinder.
tweede anjeliersdwarsstraat 19, www.moriaanvintage.nl, telefon: 020 6204798, geöffnet: mo-fr 12.00-18.00, sa 11.00-17.00, straßenbahn: 13, 14, 17 westermarkt

(18) Couchgarnituren von Marcel Wanders, die berühmten verbrannten Stühle von Maarten Baas und lebensgroße Pferdelampen von Front Design: Das gibt es in der **Moooi Gallery**. In dem riesigen Galeriegeschäft stößt man auf viele Wohnideen. Außerdem liegen Moooi-Accessoires, japanische Gadgets und Bücher vom Taschen Verlag über Architektur und Design aus.
westerstraat 187, www.moooi.com, telefon: 020 5287760, geöffnet: di-sa 10.00-18.00, straßenbahn: 13, 14, 17 westermarkt

(26) Auf dem **Noordermarkt** erlebt man die authentische Atmosphäre des Jordaan-Viertels. Samstags ist biologischer Bauernmarkt, wo man auch Stände mit gebrauchten Möbeln, Kuriosa und Kleidung findet. An der Lindengracht werden Fisch, Fleisch, Gemüse, Obst, Kleidung und Stoffe angeboten. Am Montagmorgen ist auf dem Noordermarkt Stoffmarkt.
noordermarkt, www.noordermarkt-amsterdam.nl, geöffnet: sa bauernmarkt 9.00-16.00, mo stoffmarkt 9.00-12.00, straßenbahn: 13, 14, 17 westermarkt

(29) Es gibt Läden, die einfach inspirierend sind. **Restored** ist so ein Laden. Gegründet wurde er als Bühne für angehende Designer und kleine Labels. Alle Produkte sind handgefertigt und in limitierten Stückzahlen hergestellt. Neben origineller Kleidung finden Sie hier auch (Wohn-)Accessoires, Zeitschriften und vieles mehr.
haarlemmerdijk 39, www.restored.nl, telefon: 020 337 64 73, geöffnet: mo 13.00-18.00, di-fr 10.00-18.00, sa 11.00-17.00, straßenbahn 1, 2, 5 13, 17 martelaarsgracht

(30) Für den, der etwas Besonderes sucht, ist **Store without a home** die richtige Adresse. Der Inhaber ist stets auf der Suche nach Möbeln, Lampen und Wohnaccessoires, die man sonst in den Niederlanden nicht oder kaum findet. Sein Sortiment besteht aus Wohndesign renommierter und junger Designer aus dem In- und Ausland, wie zum Beispiel Möbeln von Seletti, Porzellan von Lenneke Wispelwey und Lampen von Fraumaier.
haarlemmerdijk 26, storewithoutahome.blogspot.nl, geöffnet: mo 13.00-18.00, di-sa 10.00-18.00, straßenbahn 1, 2, 5 13, 17 martelaarsgracht

PAPABUBBLE (31)

29 RESTORED

(31) Herzlich willkommen im Süßwarenparadies **Papabubble**, wo die außergewöhnlichen Süßigkeiten nach traditioneller Weise vor Ihren Augen zubereitet werden. Hier gibt es Riesenlutscher und Bonbons in allen Farben und Formen für Naschkatzen, die es bunt und originell mögen. In der Staalstraat 16 gibt es eine weitere Filiale von Papabubble.
haarlemmerdijk 70, www.papabubble.nl, telefon: 020 6262662, geöffnet: mo & mi-fr 13.00-18.00, sa 10.00- 18.00, straßenbahn: 3 haarlemmerplein

(32) Bei **De Kookboekhandel** finden sowohl Hobbyköche als auch echte Profis das richtige Kochbuch. Die Bücher stammen aus der ganzen Welt, darunter Ägypten, Iran und Indien. Dieses Geschäft kann inzwischen auf dreißig Jahre Erfahrung zurückblicken: Man kennt sich aus.
haarlemmerdijk 133, www.kookboekhandel.com, telefon: 020 6224768, geöffnet: mo 13.00-18.00, di-mi & fr-sa 10.00-18.00, do 10.00-20.00, straßenbahn: 3 haarlemmerplein

(33) Die Schwestern **Jutka & Riska** verkaufen eine ständig wechselnde Kollektion Vintage-Kleidung, eigener Entwürfe und Kreationen junger Modeschöpfer. Außerdem finden Sie in ihrem geräumigen Laden eine nette Auswahl von Schmuck, Taschen, Sonnenbrillen und Schuhen. Praktisch: Die Kleidungsstücke – allesamt Unikate und nicht teuer – sind farblich sortiert. Jutka & Riska hat noch drei weitere Niederlassungen: in Amsterdam (Bilderdijkstraat 194), Antwerpen und Haarlem.
haarlemmerdijk 143, www.jutkaenriska.nl, telefon: 06 24668593, geöffnet: mo-mi & fr-so 10.30-19.00, do 10.30-21.00, straßenbahn 3 haarlemmerplein

100% there

(20) Das Jordaan-Viertel ist bekannt für seine "Hofjes", Wohnkomplexe mit malerischen Innenhöfen. Oft liegen diese versteckt hinter unauffälligen Türen. Wer eine solche zu finden weiß, der betritt plötzlich eine andere Welt und landet in einer grünen Oase der Ruhe. Der **Karthuizerhofje** wurde 1650 für Witwen erbaut. Heute werden die Häuser von Wohnungsbaugesellschaften vermietet.
karthuizersstraat 21-131, straßenbahn: 13, 14, 17 westermarkt

(34) Nicht das Tuschinski ist, wie es häufig behauptet wird, das älteste Kino Amsterdams, sondern **The Movies**. In diesem schicken, im Art-déco-Stil gehaltenen Kino aus dem Jahre 1912 sieht man sich in bequemen Sesseln Arthouse-Filme an.
haarlemmerdijk 161-163, www.themovies.nl, telefon: 020 6386016, geöffnet: restaurant ab 17.30, letzter film meist gegen 21.45, eintritt: 9,50 € oder 10,50 €, straßenbahn: 3 haarlemmerplein

(36) Die **Westergasfabriek** war bis in die 1960er-Jahre hinein ein aktives Gaswerk. Der einstige Industriekomplex am Stadtrand ist heute Schauplatz von Konzerten, Festivals und anderen kulturellen Veranstaltungen. Außerdem findet man auf dem Gelände viel Natur, Fernsehstudios, Restaurants und Geschäfte. Eine Komplettübersicht des Angebots gibt es auf der Webseite.
pazzanistraat, www.westergasfabriek.nl, telefon: 020 5860710, geöffnet: täglich geöffnet, straßenbahn: 10 van limburgstirumplein

WESTERGASFABRIEK 36

Jordaan & Westerpark

SPAZIERGANG 2

Von der Haarlemmerstraat aus (1) starten, dann links am Herenmarkt vorbei zum historischen Westindienhaus (2). Rechts die Brücke über der Brouwersgracht überquerend, geht es links zur Keizersgracht, dann durch die Prinsenstraat zur Prinsengracht. Stöbern Sie in Vintagemode (3). Auf der Terrasse von Spanjer en van Twist (4) gibt es herrlichen Kaffee. Weiter geht's zum Westermarkt und zum Anne Frank Haus (5). Die beste Aussicht auf das Jordaan-Viertel hat man von der Westerkerk (6) aus. Biegen Sie rechts ab zur Rozengracht und besuchen Sie verschiedenste Läden (7) (8) (9) (10). Rechts die Lijnbaansgracht hochlaufen, an der Bloemgracht nach rechts. Leckere afghanische Gerichte bekommt man in der Tweede Leliedwarsstraat (11). Wenn man gleich geradeaus weiter durch die Nieuwe Leliestraat geht, bis zur ersten Kreuzung, gelangt man rechts zum Geburtshaus von Theo Thijssen (12). Biegen Sie links ab in die Eerste Leliedwarsstraat für schicke 50er-Jahre-Kleider (13). Überqueren Sie die Egelantiersgracht (14), gönnen Sie sich etwas zu trinken und ein Sandwich (15) und weiter geht's mit Secondhandkleidung (16) (17). Sehen Sie sich die Möbel von Marcel Wanders (18) an, essen Sie einen italienischen Happen bei Cinema Paradiso (19). Dann folgen Sie der Tichelstraat. Rechts in der Karthuizersstraat findet man einen typischen Jordaan-Innenhof (20). Gehen Sie weiter bis zur Tweede Boomdwarsstraat, biegen Sie rechts ab, die zweite Straße links in die Westerstraat, wo mehr Geschäfte, Restaurants und Cafés liegen (21). Trinken Sie in der Eerste Boomdwarsstraat einen Wein (22). In der Lindenstraat gibt es gutes Essen (23). Am Noordermarkt (24) können Sie verschnaufen (25) (26) (27). Biegen Sie links ab in die Brouwersgracht, wieder links in die Lindengracht, wo leckere Tapas warten (28). Rechts Richtung Willemstraat gelangt man rechts über die Oranjebrug zum Haarlemmerdijk, der Einkaufsmeile. Rechts abbiegen, wenn Sie zwei Läden mit inspirierenden (Wohn-)Accessoires (29) (30) besuchen möchten. Über die Haarlemmerdijk (31) (32) (33) (34) (35) zurückgehen und den Haarlemmerplein überqueren. Danach über die Willemsbrug und durch den Westerpark am Wasser entlang zum Westergasfabrieksterrein gehen, um Kultur zu erleben und mal ganz anders zu essen und zu trinken (36).

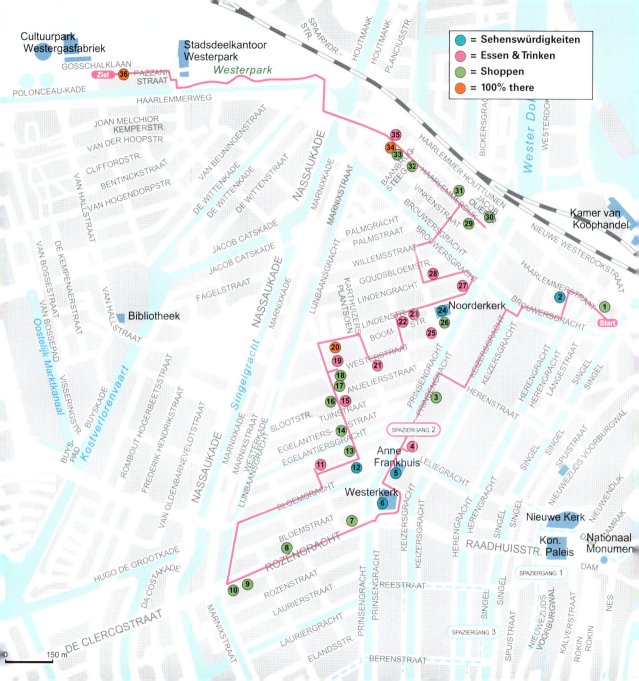

Negen Straatjes

1. &klevering
2. Westindienhaus
3. ilovevintage
4. Spanjer & van Twist
5. Anne Frank Haus
6. Westerkerk
7. Kitsch Kitchen
8. Guus
9. SPRMRKT
10. Raw Materials
11. Mantoe
12. Theo Thijssen Museum
13. Cherry Sue Design
14. De Kleedkamer
15. Café de Tuin
16. Haasje Over
17. Moriaan Vintage Clothing
18. Moooi Gallery
19. Cinema Paradiso
20. Karthuizerhofje
21. Café Nol
22. Wijnbar di'Vino
23. Eetcafé Koevoet
24. Noorderkerk
25. Winkel 43
26. Noordermarkt
27. Proust
28. Duende
29. Restored
30. Store without a home
31. Papabubble
32. De Kookboekhandel
33. Jutka & Riska
34. The Movies
35. Bakkerij Mediterrane
36. Westergasfabrikgelände

Shoppen, shoppen und dazwischen Kultur

Die Negen Straatjes (Neun Straßen) müssten genau genommen "Sieben Straßen und zwei Gassen" heißen, aber das klingt natürlich nicht so schön. Die Reestraat, Hartenstraat, Gasthuis Molensteeg, Berenstraat, Wolvenstraat, Oude Spiegelstraat, Runstraat, Huidenstraat und Wijde Heisteeg bilden zusammen ein buntes Viertel mit einer ausgewogenen Mischung aus Hippness, Tradition und Ungezwungenheit.

Als Shopaholic kommt man an den Negen Straatjes auf keinen Fall vorbei, denn hier findet man schöne Läden mit ausgefallener Kleidung und Vintagemode, aber auch Schmuckgeschäfte, Delikatessenläden, Friseure und Geschäfte mit den neuesten Einrichtungsaccessoires. Das Angebot wechselt ständig, und das ein oder andere Lieblingsstück ist mit Sicherheit dabei. Hier kann man, im Gegensatz zur Kalverstraat und Leidsestraat, ganz entspannt bummeln gehen.

3

Es muss aber nicht immer Shopping sein: Entlang der malerischen Grachten und historischen Gebäude kann man schöne Spaziergänge unternehmen. Auf dem Johnny Jordaanplein werden die niederländischen Schlagerstars Tante Leen und Johnny Jordaan, die aus diesem Viertel stammen, in Bronze geehrt. Die Reguliersdwarsstraat ist der Wallfahrtsort von Gay Holland. Außer vielen Gay-Bars liegen hier zahlreiche tolle Restaurants, in denen persönliche Vorlieben keine Rolle spielen.

Auf dem Spui ist jede Woche Kunst- und Büchermarkt, außerdem finden Sie hier die besten Buchhandlungen der Stadt: The American Book Center und Athenaeum mit seinem Kiosk für Fachliteratur und mit Zeitschriften aus aller Welt. In der Nähe des Spui, in der Kalverstraat, liegt die bekannte britische Buchhandlung Waterstones. Noch mehr Lust auf Kultur? Das Kulturzentrum Felix Meritis ist zwar bei Touristen weniger bekannt, aber keineswegs weniger interessant. An Wochentagen finden hier Podiumsdiskussionen oder auch Klassikkonzerte statt.

6 Insider-Tipps

De Kaaskamer

Aus Hunderten von Käsesorten wählen.

Beadies

Eigenen Schmuck entwerfen.

Johnny Jordaanplein

Zu Besuch bei Tante Leen und Manke Nelis.

Vlaams Friteshuis

Dicke, belgische Pommes mit Mayo essen.

Blumenmarkt

Die Amsterdamer Tulpenpracht erleben

Rainaraï

Algerische Küche wie ein echter Nomade genießen.

- ● Sehenswürdigkeiten
- ● Shoppen
- ● Essen & Trinken
- ● 100% there

Sehenswürdigkeiten

(4) Versäumen Sie es nicht, einmal durch die **Reguliersdwarsstraat** zu spazieren, dem berühmten Herzen von Gay Amsterdam. Hier versammeln sich vor allem während des Gay Pride Festivals viele Homosexuelle (und auch viele Heteros), um gemeinsam zu feiern. Außerdem gibt es verschiedene Restaurants, Geschäfte und Cocktailbars zu entdecken.
reguliersdwarsstraat, straßenbahn: 1, 2, 5 koningsplein

(21) Der **Johnny Jordaanplein** ist ein Teilstück der Elandsgracht, auf dem niederländische Schlagerstars in Bronze verewigt wurden. Anzutreffen sind hier die Skulpturen von Johnny Jordaan, Tante Leen und Johnny Meyer.
elandsgracht, straßenbahn: 7, 10 elandsgracht

(24) **Felix Meritis** wurde im 18. Jahrhundert als Förderverein für Kunst und Wissenschaft gegründet. Seit 1988 befindet sich in dem Vereinsgebäude ein europäisches Zentrum für Kunst, Kultur und Wissenschaft. In den prachtvollen Sälen werden Diskussionsrunden und Konzerte veranstaltet.
keizersgracht 324, www.felix.meritis.nl, telefon: 020 6262321, geöffnet: mo-fr 9.00-veranstaltungsende, sa-so nur zu veranstaltungen, für programm und preise siehe website, straßenbahn: 1, 2, 5 spui

(30) Unten im Laden gibt es die neuesten Brillenmodelle verschiedener Marken, im ersten Geschoss befindet sich das Mekka der Brillengestelle. Das **Brillenmuseum** erzählt 700 Jahre Brillengeschichte, von antiken Modellen bis zu Buddy Hollys Markenzeichen.
gasthuismolensteeg 7, www.brilmuseumamsterdam.nl, telefon: 020 4212414, geöffnet: mi-fr 11.30-17.30, sa 11.30-17.00, eintritt: frei, straßenbahn: 1, 2, 4, 5, 9, 13, 14, 16, 17, 24, 25 dam

Essen & Trinken

(2) 'Einen Tag nicht gefrozzt heißt, einen Tag nicht gelebt.' Das zumindest steht auf der Fanpage von **Frozz**. In Amerika schon lange ein Hit, gibt es das leckere Joghurteis seit 2011 auch in Amsterdam. Der Joghurt – keine Sahne, wie beim Eis – wird direkt vor Ihren Augen gefroren, danach dürfen Sie Ihr Eis selbst mit Früchten, Nüssen und Schokolade garnieren.
leidsestraat 69, www.frozz.com, geöffnet: täglich 12.00-22.00, preis: 4 €, straßenbahn: 1, 2, 4, 9, 13, 14, 16, 17, 24, 25 dam

(3) Die Bedienung bringt Ihnen hier nicht nur die Pasta, sondern auch ein Ständchen dar. **Pasta e Basta** ist mehr als ein Restaurant: Neben hervorragenden italienischen Spezialitäten gibt es talentierte Gesangseinlagen.
nieuwe spiegelstraat 8, www.pastaebasta.nl, telefon: 020 4222222, geöffnet: so-mi 18.00-23.00, do-sa 18.00-21.00 & 21.15-1.00, preis: 37 €, straßenbahn: 4, 16, 24, 25 keizersgracht

(6) Viele Amsterdamer halten **Vlaams Frites Huis** für die beste Pommesbude der Stadt, unübersehbar sind die Menschenmengen, die auf ihre frisch zubereiteten Pommes warten. Dazu gibt es leckere belgische Soßen, etwa Americaine, Andalouse, Tartar oder Zitronenmayonnaise.
voetboogstraat 33, telefon: 020 6246075, geöffnet: täglich 11.00-18.00, preis: 2,30 €, straßenbahn: 1, 2, 4, 5, 9, 14, 16, 24, 25 spui

(10) **Goodies** ist der perfekte Ort für einen schnellen Imbiss oder einen günstigen Lunch. Bestellen Sie Pasta und Salat, und machen Sie es sich in dem schönen, mit weißen Tischen und Bänken eingerichteten Lokal gemütlich. Im Sommer ist die kleine Terrasse geöffnet.
huidenstraat 9, www.goforthegoodies.nl, telefon: 020 6256122, geöffnet: so-mi 12.00-22.00, do-sa 12.00-22.30, preis: 15 €, straßenbahn: 1, 2, 4, 5, 9, 14, 16, 24, 25 spui

GOODIES ⑩

⑯ **Festina Lente**, lateinisch für 'Eile mit Weile', ist das Credo dieses Wohnzimmerrestaurants. Auf der Speisekarte stehen Tapas und *lentinis*, kleine Gerichte, die man einzeln bestellen und kombinieren kann. Jeden dritten Montagabend im Monat finden sich hier angehende Lyriker zum Dichterwettstreit ein.
looiersgracht 40, www.cafefestinalente.nl, telefon: 020 6381412, geöffnet: so-mo 12.00-1.00, di-do 10.30-1.00, fr-sa 10.30-3.00, preis: kleines Gericht 5 €, straßenbahn: 7, 10 elandsgracht

⑰ In der **Brasserie Blazer** sitzt man im Sommer herrlich am Wasser. Angeboten werden klassische Brasseriegerichte zu fairen Preisen. Die drei Brüder Blazer sind die Inhaber und Stimmungsmacher des Lokals, in dem man auch nach dem Essen noch gemütlich an der Bar sitzen kann.
lijnbaansgracht 190, www.brasserieblazer.nl, telefon: 020 6209690, geöffnet: mo-di & do 11.00-1.00, mi & so 10.00-1.00, sa 10.00-3.00, preis: 15 €, straßenbahn: 17 elandsgracht

⑲ Bei **Pazzi** gibt es italienisches Slow Food: Man kann der bestellten Pizza beim köstlichen Aufbacken im Ofen zusehen, während man wartet. Salate, Pasta, Antipasti und Desserts werden mit großer Sorgfalt zubereitet und zügig serviert. Schön langsam essen, um die puren Zutaten optimal herauszuschmecken!
eerste looiersdwarsstraat 4, www.pazzislowfood.nl, telefon: 020 3202800, geöffnet: täglich 17.00-22.00, preis: pizza 14 €, straßenbahn: 7, 10, 17 elandsgracht

⑳ Viele thailändische Lokale sind nicht wirklich gemütlich, nach dem Essen möchte man am liebsten schnell wieder weg. Das **Restaurant Rakang** ist ganz anders. Nicht nur das Essen ist klasse, auch die Einrichtung macht Lust, länger zu bleiben: stimmungsvolles Licht, strahlend weiße Tischdecken, Teller von Versace. Eine schöne Gelegenheit, sich mal in Schale zu werfen.
elandsgracht 29-31, www.rakang.nl, telefon: 020 6209551, geöffnet: täglich 18.00-22.30, preis: 20 €, straßenbahn: 7, 10 elandsgracht

㉒ Das **Nielsen** ist ein beliebtes Frühstücks- und Lunchcafé, in dem man morgens ein reichhaltiges Frühstück mit Smoothie, Bagel oder Omelette bekommt. Mittags bestellt man ein Clubsandwich oder einen Salat. Kleiner Tipp: Bringen Sie Zeit mit, die Bedienung ist manchmal etwas langsam.
berenstraat 19, telefon: 020 3306006, geöffnet: di-fr 8.00-16.00, sa 8.00-18.00, so 8.00-17.00, preis: sandwich 7 €, straßenbahn: 1, 2, 4, 5, 9, 14, 16, 24, 25 spui

㉕ Im **Brix**, einem stimmungsvollen Restaurant mit dunklen Spiegeln und Backsteinmauer, gibt es kleine Gerichte aus aller Welt. Jeden Montag- und Sonntagabend wird jazzige Livemusik gespielt.
wolvenstraat 16, www.cafebrix.nl, telefon: 020 6390351, geöffnet: so-do 11.00-1.00, fr-sa 11.00-3.00, preis: 17 €, straßenbahn: 1, 2, 4, 5, 9, 14, 16, 24, 25 spui

㉝ Das beliebte Restaurant **Van Harte** eignet sich mit seiner gemütlichen Atmosphäre sehr gut für ein Mittag- oder Abendessen. Die Bar steht mitten im Raum, die Wände sind mit fröhlichen Teppichen verziert – das macht richtig gute Laune.
hartenstraat 24, www.vanharte.com, telefon: 020 6258500, geöffnet: so-mi 10.00-23.00, do-sa 10.00-0.00, preis: drei-gänge-menü 27,50 €, straßenbahn: 1, 2, 4, 9, 13, 14, 16, 17, 24, 25 dam

㉟ Sie wollten immer schon mal wissen, wie das Essen von Nomaden schmeckt? Dann ist das **Raïnaraï** ein guter Tipp. Hier gibt es algerische Spezialitäten wie Couscous, Humus, Ofengemüse und Tajines mit (Lamm-) Fleisch zum Mitnehmen, zum Essen auf der Terrasse oder zum Genießen im Stil eines echten Nomaden: auf dem Teppich sitzend, mit der Wasserpfeife in Reichweite.
prinsengracht 252, www.rainarai.nl, telefon: 020 6249791, geöffnet: täglich 12.00-22.00, preis: 10 €, straßenbahn: 13, 14, 17 westermarkt

Shoppen

① Bei **Vanroselen Fine Chocolates** schaut man immer gerne vorbei. Hier gibt es köstliche, handgefertigte Pralinen und Schokolade aus aller Herren Länder. Einfach probieren und eine Schachtel mit ihren Lieblingspralinen füllen lassen.
nieuwe spiegelstraat 72, telefon: 020 6202777, geöffnet: di-fr 11.00-18.00, sa 10.30-18.00, so 12.00-17.00, straßenbahn: 4, 16, 24, 25 keizersgracht

⑧ Auf einem der schönsten Plätze Amsterdams sind auch die schönsten Buchläden der Hauptstadt zu finden: In der **Buchhandlung Athenaeum** werden akademische Fachbücher angeboten, während es im Kiosk daneben eine große Auswahl an Zeitungen und Zeitschriften aus aller Welt gibt.
spui 14-16, www.athenaeum.nl, telefon: 020 5141460, geöffnet: mo-mi & fr-sa 8.00-20.00, do 8.00-21.00, so 10.00-18.00, straßenbahn: 1, 2, 4, 5, 9, 14, 16, 24, 25 spui

⑨ Seinen eigenen Schmuck kreieren kann man bei **Beadies**, wo die Behälter nur so von bunten Perlen, Anhängern und Glitzersteinen überquellen. Für Bastelmuffel gibt es auch fertige Schmuckstücke.
huidenstraat 6, www.beadies.nl, telefon: 020 4285161, geöffnet: mo 11.00-18.00, di-mi & fr-sa 10.30-18.00, do 10.30-21.00, straßenbahn: 1, 2, 4, 5, 9, 14, 16, 24, 25, spui

⑪ Bei **Van Ravenstein** finden Sie Mode von belgischen Topdesignern wie Dries van Noten, Ann Demeulemeester und Dirk Bikkembergs. Tipp: Schauen Sie sich auch im Schnäppchenkeller um.
keizersgracht 359, www.van-ravenstein.nl, telefon: 020 6390067, geöffnet: mo 13.00-18.00, di-mi & fr 11.00-18.00, do 11.00-19.00, sa 10.30-17.30, straßenbahn: 1, 2, 4, 5, 9, 14, 16, 24, 25 spui

⑫ **Local Service** führt viele exklusive Marken, den Ton gibt hier aber der britische Modedesigner Paul Smith an. In den zwei Eckläden findet man schicke Anzüge, schöne Shirts, Jacken, Pullover und Accessoires.
keizersgracht 400-402, telefon: 020 6266840, geöffnet: mo 13.00-18.00, di-mi & fr 10.00-18.00, do 10.00-19.30, sa 10.00-17.30, so 13.00-17.30, straßenbahn: 1, 2, 4, 5, 9, 14, 16, 24, 25 spui

BEADIES ⑨

⑬ Calvados-Käse, Cheddar, Pecorino, Käse in Weinblättern: Eine riesige Auswahl an regionalen Produkten, außerdem Käse aus entlegenen französischen Berggebieten und von sonnigen italienischen Inseln bietet **De Kaaskamer**. Noch einige der leckeren Nüsse und Würste dazu – und der Picknickkorb ist perfekt.
runstraat 7, www.kaaskamer.nl, telefon: 020 6233483, geöffnet: mo 12.00-18.00, di-fr 9.00-18.00, sa 9.00-17.00, so 12.00-17.00, straßenbahn: 1, 2, 4, 5, 9, 14, 16, 24, 25 spui

⑭ **Mint Mini Mall** ist ein einladender kleiner Laden voller Dinge, von denen man erst weiß, dass man sie braucht, nachdem man sie gesehen hat. Hier gibt es pfiffige Wohn- und Modeaccessoires, Wellnessartikel und Kinderkleidung – allesamt originelle Produkte origineller Marken aus allen Erdteilen.
runstraat 27, www.mintminimall.nl, telefon: 020 6272466, geöffnet: mo 12.30-18.00, di-sa 10.30-18.00, so 12.30-17.00, straßenbahn 1, 2, 4, 5, 9, 14, 16, 24, 25 spui

⑮ In zwei großen Häusern an der Prinsengracht findet man sechs Räume voller Designermöbel und Accessoires. Bei **The Frozen Fountain** wird Dutch Design verkauft – Arbeiten von renommierten niederländischen Designern und von jungen Talenten. Schauen Sie rein und lassen Sie sich inspirieren.
prinsengracht 645, www.frozenfountain.nl, telefon: 020 6229375, geöffnet: mo 13.00-18.00, di-sa 10.00-18.00, so 13.00-17.00, straßenbahn: 7, 10 raamplein

⑱ Die Steaks von **Siem van der Gragt** sind nicht gerade günstig, den Unterschied zu denen der Supermarktketten schmeckt man dafür auch. Dieser Biometzger kennt die Bauernhöfe, von denen er sein Fleisch bezieht, ganz genau. Für alle, die sich nicht sicher sind, ob Ihnen die ansehnlichen Rouladen zu Hause wirklich gelingen, gibt es die selbst gemachten, fertigen Köstlichkeiten von Siem aus der Vitrine.
elandsgracht 116a, www.siemvandergragt.nl, telefon: 020 6234387, geöffnet: mo-fr 8.00-18.00, sa 8.00-17.00, straßenbahn: 7, 10, 17, elandsgracht

㉓ In dem romantischen Schmuckladen **Parisienne** gibt es außer Ketten und Ohrringen aus Paris auch verführerische Handtäschchen mit feiner Stickarbeit, Pailletten und Perlen. Jede Wette, dass Sie hier nicht mit leeren Händen herauskommen!
berenstraat 4, www.parisienne.nl, telefon: 020 4280834, geöffnet: di-fr 10.00-18.00, sa 10.00-17.00, so 12.00-17.00, straßenbahn: 1, 2, 4, 5, 9, 14, 16, 24, 25 spui

THE FROZEN FOUNTAIN ⑮

㉖ Für Fans von Mode aus den 1940er- und 1950er-Jahren ist **Laura Dols** ein Muss. Stöbern Sie in schönen Blumenkleidern, Rüschenblusen und gehäkelten Tischdecken. Hinten im Laden steht der "Verkleedkomeet", eine Kiste voll toller Verkleidungssachen für Kinder.

wolvenstraat 6-7, www.lauradols.nl, telefon: 020 6249066, geöffnet: mo-mi & fr-sa 11.00-18.00, do 11.00-21.00, so 12.00-18.00, straßenbahn: 1, 2, 4, 5, 9, 14, 16, 24, 25 spui

㉘ **Kauppa** ist ein finnisches Wort und bedeutet 'Geschäft'. Zu finden gibt es in diesem Laden farbenfrohe und schlichte Modeartikeln sowie Einrichtungsideen der finnischen Marken Marimekko, Aarikka und Chao & Eero.
oude spiegelstraat 6a, www.kauppa.nl, telefon: 020 6224848, geöffnet: mo 13.00-18.00, di-sa 11.00-18.00, so 13.00-17.00, straßenbahn: 1, 2, 4, 5, 9, 14, 16, 24, 25 spui

㉙ Leder, Leder und noch mehr Leder heißt die Devise im Erdgeschoss von **Margareth M**: Taschen, Portemonnaies und Gürtel, auf Bali eigens für diese niederländische Marke hergestellt, werden hier angeboten.
oude spiegelstraat 4hs, www.gmz-collection.com, telefon: 020 3208866, geöffnet: di-fr 10.30-18.30, sa 10.00-18.30, so 12.00-17.00, straßenbahn: 1, 2, 4, 5, 9, 14, 16, 24, 25 spui

㉛ Bei **Exota** bekommt man sofort gute Laune: Die farbenfrohen Stoffe machen Lust darauf, sofort die Blumenkleider im Vintagelook von u. a. King Louis anzuprobieren oder den Grabbeltisch zu durchwühlen. Frauen- und Kinderkleidung findet man bei Hausnummer 10, Damen- und Herrenmode bei der Nummer 13.
hartenstraat 13, www.exota.com, telefon: 020 3449390, geöffnet: mo-sa 10.00-18.00, so 12.00-17.00, straßenbahn: 1, 2, 4, 5, 9, 13, 14, 16, 17, 24, 25 dam

㉜ Wer Spiele mag, ist bei **The Gamekeeper** bestens aufgehoben. Stöbern Sie in Ruhe durch das vielfältige Sortiment von Klassikern wie Monopoly, Risk oder Yahtzee. Es gibt natürlich auch ausgefallenere Spiele.
hartenstraat 14, www.gamekeeper.nl, telefon: 020 6381579, geöffnet: mo & sa 10.00-18.00, di-mi & fr 10.00-18.30, do 10.00-20.30, so 11.00-18.00, straßenbahn: 1, 2, 4, 5, 9, 13, 14, 16, 17, 24, 25 dam

㉞ Bei **Annliz** kauft man slow fashion: schöne Damen- und Kinderkleidung aus fairem Handel und ökologisch erzeugten Rohstoffen. Bei der Auswahl der Labels zählt für Inhaberin Mera nicht nur das Design, sondern auch die verwendeten Rohstoffe und das Herstellungsverfahren. Das garantiert shoppen mit gutem Gewissen.
reestraat 16, www.annliz.com, telefon: 020 4202186, geöffnet: mo 12.00-18.00, di-sa 11.00-18.00, so 13.00-17.00, straßenbahn 13, 14, 17 westermarkt

100% there

(5) Auf dem **Blumenmarkt** am Singel wird man von der Vielfalt der Farben und Düfte beinahe überwältigt. Die Blumen und Pflanzen werden auf Booten präsentiert. Diese Praxis stammt noch aus der Zeit, als die Ware aus den umliegenden Gartenanlagen mit Schiffen angeliefert wurde.
singelgracht (zwischen koningsplein und muntplein), geöffnet: mo-sa 9.00-17.30, so 11.00-17.30, straßenbahn: 1, 2, 5 koningsplein

(7) Auf dem Spui ist jeden Freitag **Büchermarkt**, mit jeder Menge Kisten voll gebrauchter und antiquarischer Bücher, aber auch Drucke liegen aus. Sonntags dagegen verwandelt sich der Spui in einen **Kunstmarkt**, auf dem Maler und Bildhauer ihre Werke ausstellen.
spui, www.deboekenmarktophetspui.nl, geöffnet: büchermarkt fr 10.00-18.00, kunstmarkt märz-dez. so 10.00-17.00, straßenbahn: 1, 2, 4, 5, 9, 14, 16, 24, 25 spui

(27) Das **Proeflokaal de Admiraal** ist in einem ehemaligen Kutscherhaus untergebracht, in dem man sich ins Goldene Zeitalter zurückversetzt fühlt. Sie können hier gut 60 Liköre und 17 *jenever* probieren, allesamt nach traditionellem Rezept gebrannt. Vorsicht ist geboten, der Schwips kommt schneller als man denkt.
herengracht 319, www.proeflokaaladmiraal.nl, telefon: 020 6254334, geöffnet: mo-fr 16.30-0.00, sa 17.00-0.00

BLUMENMARKT ⑤

Negen Straatjes

SPAZIERGANG 3

Von der Stadhouderskade Richtung Nieuwe Spiegelstraat gehen Sie entlang der Galerien. Gönnen Sie sich leckere Schokolade von Vanroselen (1). Für Frozen Yoghurt links in die Kerkstraat, dann nochmal links in die Leidsestraat (2). Zurückgehen und den Spaziergang in der Nieuwe Spiegelstraat (3) fortsetzen. Biegen Sie rechts ab in die Herengracht. Durch die Vijzelstraat läuft man in die "rosa" Reguliersdwarsstraat (4). Dann weiter bis zum Koningsplein, rechts ab in den Singel zu den duftenden Blumenständen (5). Am Ende geht's links und gleich wieder links in die Kalverstraat. Wenn man links in den Heiligeweg geht, dann rechts in die Voetboogstraat, gelangt man zur besten Pommesbude (6). Das "Büchermekka" finden Sie auf dem Spui (7) (8). Geradeaus durch den Heisteeg laufen, Richtung Huidenstraat, gelangt man zu den Negen Straatjes mit zahllosen schönen Boutiquen, Kneipen und Restaurants (9) (10) (11). Überqueren Sie die Keizersgracht, gehen Sie Richtung Runstraat (12) und kaufen ein Stück Käse bei De Kaaskamer (13) oder ein nettes Mitbringsel bei Mint Mini Mall (14). Links an der Prinsengracht gibt's Designermöbel und Accessoires (15). Kehren Sie um, überqueren Sie die Prinsengracht Richtung Looiersgracht und legen Sie bei Festina Lente (16) eine Pause in. Spazieren Sie geradeaus weiter bis zur Lijnbaansgracht, biegen Sie dann rechts ab (17). Die erste Straße rechts nehmen, zur Elandsgracht, für Biofleisch aus der Region (18). Frische Holzofenpizza gibt's in der Eerste Looiersdwarsstraat (19). Richtung Elandsgracht (20) geht es zu den Skulpturen der niederländischen Schlagerstars (21). Biegen Sie links ab in die Prinsengracht und gehen Sie in die Berenstraat (22) (23). Rechts abbiegend gelangt man zu Felix Meritis (24), auf dem Weg zurück geht's zur Wolvenstraat mit ihren Boutiquen (25) (26). Überqueren Sie die Herengracht, biegen Sie rechts ab und probieren Sie niederländischen Genever (27). Wenn Sie zur Oude Spiegelstraat zurückgehen, finden Sie weitere ausgefallene Geschäfte (28) (29). Links den Singel hochlaufen, in den Gasthuismolensteeg abbiegen (30). Noch mehr Shopping? Über die Herengracht geht's in die Hartenstraat (31) (32) (33). Folgen Sie anschließend der Reestraat (34), gehen Sie links entlang der Prinsengracht, dann rechts in die Lauriergracht und schließen Sie den Spaziergang mit einem echten Nomadenessen ab (35).

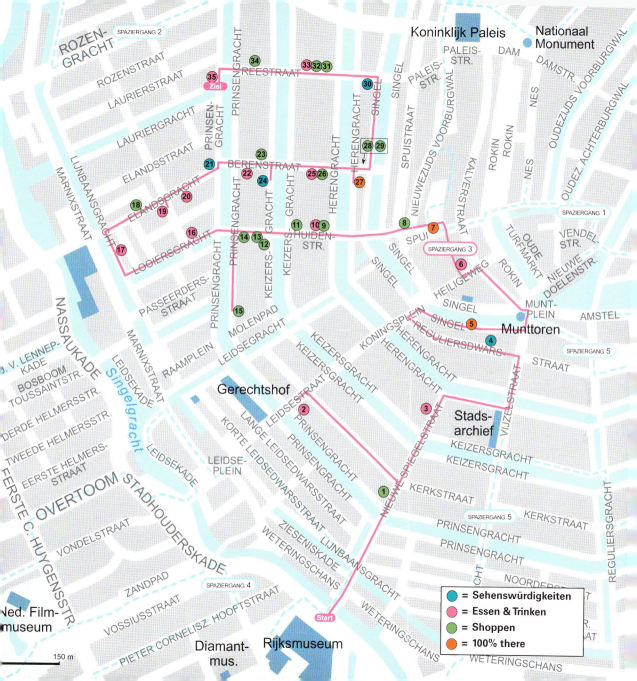

Oud-Zuid & Oud-West

1. Vanroselen
2. Frozz
3. Pasta e Basta
4. Reguliersdwarsstraat
5. Bloemenmarkt
6. Vlaams Friteshuis
7. Bücher- und Kunstmarkt
8. Buchhandlung Athenaeum
9. Beadies
10. Goodies
11. Van Ravenstein
12. Local Service
13. De Kaaskamer
14. Mint Mini Mall
15. The Frozen Fountain
16. Festina Lente
17. Brasserie Blazer
18. Siem van der Gragt
19. Pazzi
20. Rakang Restaurant
21. Johnny Jordaanplein
22. Nielsen
23. Parisienne
24. Felix Meritis
25. Brix
26. Laura Dols
27. Proeflokaal de Admiraal
28. Kauppa
29. Margareth M
30. Brillenmuseum
31. Exota
32. The Gamekeeper
33. Van Harte
34. Annliz
35. Raïnaraï

Kunst, Botox und Lifestyle

Das vornehme Museumsviertel ist reich an kulturellen Sehenswürdigkeiten, hier stehen auch die drei wichtigsten Museen der Stadt: das Rijksmuseum, das Stedelijk Museum und das Van Gogh Museum. Nach einem großangelegten zehnjährigen Umbau sind die Türen des Rijksmuseum seit Mitte 2013 wieder geöffnet. Auch das Stedelijk Museum und das Van Gogh Museum wurden grunderneuert und sind inzwischen wieder zugänglich. Seitdem erstrahlen Rembrandts *Nachtwache*, Rietvelds *Rot-Blauer Stuhl* und Van Goghs *Kartoffelesser* wieder in altem Glanz.

Ganz in der Nähe dieser Kulturtempel liegt die P.C. Hooftstraat, in der man Louis Vuitton und viele andere Luxusmarken findet. Bentleys, Vespas und Botox bestimmen das Straßenbild. Prominente Fußballer mit übergroßen Sonnenbrillen und entsprechender Begleitung tauchen hier regelmäßig zum Shoppen oder Kaffeetrinken auf.

4

Zum Faulenzen und Picknicken bietet sich der Vondelpark an. Besonders im Sommer herrscht wegen der vielen Skater, Jogger, Sonnenanbeter, grillenden Familien und entspannten Touristen ein buntes Treiben. Die schicke Ostseite des Parks mit ihren ruhigen, breiten Straßen wird von den wohlhabenden Amsterdamern bewohnt, die dort ihre riesigen Gärten haben. In der Nähe der Cornelis Schuytstraat, in der Jacob Obrechtstraat, haben sich einige Mode-Boutiquen sowie gemütliche, elegante Restaurants angesiedelt.

Die Helmersbuurt ist von einem ganz anderen Schlag: Auf einem riesigen, ehemaligen Krankenhausgelände haben sich Künstler und Kreative niedergelassen, und in dem ehemaligen pathologisch-anatomischen Labor wird heute ausgezeichnetes Essen serviert. Wegen seiner hohen Mauer ist dieses selbst geschaffene Viertel von der Straße aus kaum zu sehen. Die parallel zur Helmersbuurt gelegene Overtoom lockt mit vielen schönen Einrichtungsgeschäften und Restaurants.

6 Insider-Tipps

Stedelijk Museum

Zeitgenössische Kunst betrachten.

Vondelpark

Ausgedehnt spazieren gehen, picknicken oder sonnenbaden.

Rijksmuseum

Die vielen Meisterwerke bewundern.

l'Entrecôte et les Dames

Zartes Entrecôte genießen.

Vleck Wijnen

Wein von kleinen französischen Weingütern kaufen.

P.C. Hooftstraat

Geld ausgeben und Leute beobachten.

- **Sehenswürdigkeiten**
- **Shoppen**
- **Essen & Trinken**
- **100% there**

Sehenswürdigkeiten

(1) Nach einem umfassenden Umbau, der sage und schreibe zehn Jahre gedauert hat, ist das **Rijksmuseum** seit Mitte 2013 wieder geöffnet. In den 80 Räumen finden Besucher 8000 Exponate aus 800 Jahren niederländischer Kunst und Geschichte. Absolute Highlights: Rembrandts *Nachtwache* und Jan Vermeers *Dienstmagd mit Milchkrug*. Neben Gemälden sind auch Skulpturen, Möbel, Kleidungsstücke und Schmiedekunst ausgestellt. Tipp: Schauen Sie sich nach dem Museumsbesuch unbedingt den schönen Garten an.
museumstraat 1, www.rijksmuseum.nl, telefon: 0900 0745, geöffnet: täglich 9.00-17.00, eintritt: 15 €, straßenbahn: 2, 5 hobbemastraat, 12 museumplein

(3) Die **Stadsschouwburg** bietet täglich ein erstklassiges Theaterprogramm. Im großen Barocksaal sitzt man auf dem wunderschönen Balkon, im neuen Rabosaal dominiert dagegen eine moderne Einrichtung. Die Stadsschouwburg ist auch das Heimattheater der städtischen Theatergruppe *Toneelgroep Amsterdam*.
leidseplein 26, www.ssba.nl, telefon: 020 6242311, geöffnet: je nach spielplan, für programm & eintritt siehe webseite, straßenbahn: 1, 2, 5 leidseplein

(9) Am Vondelpark steht ein erhabenes neugotisches Bauwerk, die **Vondelkerk**. 1872 wurde die Kirche nach den Entwürfen des Architekten P.H.J. Cuypers erbaut, der auch den Hauptbahnhof und das Rijksmuseum gestaltet hat. Der große Saal kann an Wochenenden für spezielle Anlässe gemietet werden.
vondelstraat 120d, www.vondelkerk.nl, telefon: 020 5200090, geöffnet: nicht öffentlich zugänglich, straßenbahn: 1, 3, 12 overtoom/eerste constantijn huygenstraat

(28) Genauso wie das Rijksmuseum hat auch das **Stedelijk Museum** einen Umbau hinter sich, der einige Jahre in Anspruch nahm. Markanteste Neuigkeit: der Erweiterungsbau, der aufgrund seiner Form bereits jetzt "de Badkuip" (die Badewanne) genannt wird. Im alten Teil des Museums sind renommierter Werke zeitgenössischer Kunst zu bewundern, während im Neubau Sonderausstellungen stattfinden.
museumplein 10, www.stedelijk.nl, telefon: 020 5732911, geöffnet: fr-mi 10.00-18.00, do 10.00-22.00, eintritt: 15 €, straßenbahn: 2, 5 van baerlestraat, 12 museumplein

(29) Im **Van Gogh Museum** ist die weltweit größte Sammlung des Meisters zu Hause: rund 200 Gemälde, darunter *Die Kartoffelesser*, 500 Zeichnungen, 700 Briefe und seine Sammlung japanischer Bilddrucke. Man kann nachverfolgen, wie van Gogh sich entwickelt hat und seine Werke mit denen anderer Künstler vergleichen. Neben Werken von Van Gogh verfügt das Museum auch über eine Kunstsammlung aus dem 19. Jahrhundert mit einigen impressionistischen und postimpressionistischen Exponaten.
paulus potterstraat 7, www.vangoghmuseum.nl, telefon: 020 5705200, geöffnet: mo-do & sa-so 9.00-17.00, fr 9.00-22.00, eintritt: 15 €, straßenbahn 2, 3, 5, 12 van baerlestraat, 16, 24 museumplein

(31) Das **Concertgebouw** in Amsterdam ist einer der besten Konzertsäle für klassische Musik, weltweit berühmt für seine perfekte Akustik und daher auch sehr gut besucht. Karten muss man weit im Voraus buchen. Eine Alternative sind die kostenlosen Lunchkonzerte jeden Mittwoch von 12.30 bis 13.00 Uhr. Am besten früh hingehen.
concertgebouwplein 10, www.concertgebouw.nl, telefon: 0900 0900 6718345, geöffnet: wechselnd, für programm & eintritt siehe webseite, straßenbahn: 2, 3, 5, 12 museumplein

STEDELIJK MUSEUM 28

Essen & Trinken

(2) Neben der französischen Küche ist bei **Te Pas** auch der Einfluss anderer europäischer Länder zu schmecken. Alles ist hausgemacht. Probieren Sie mal die köstliche Wurst und die Pastete. Es wird penibel auf die Herkunft der Produkte geachtet, auch für Vegetarier gibt es eine große Auswahl.
lijnbaansgracht 274, www.restauranttepas.nl, telefon: 020 7735990, geöffnet: di-sa ab 18.00, preis: 22,50 €, straßenbahn: 1, 2, 5 leidseplein

(5) Das moderne Café **Weber** ist an Wochenenden regelmäßig überfüllt, meistens mit Studenten. Unter der Woche ist es eine der wenigen Kneipen in Amsterdam, wo man noch bis drei Uhr nachts ein Bierchen trinken kann.
marnixstraat 397, www.weberlux.nl, telefon: 020 6229910, geöffnet: so-do 19.00-3.00, fr-sa 19.00-4.00, preis: bier 2 €, straßenbahn: 1, 2, 5 leidseplein

(6) **De Smoeshaan** liegt direkt neben dem Theater Bellevue, deshalb ist hier auch die Theaterszene Amsterdams anzutreffen. Nach einer Vorstellung kann man in dem Theatercafé ein herrliches italienisches oder französisches Essen bestellen oder noch einen Drink genießen. Das geht natürlich auch unabhängig von einem Theaterbesuch.
leidsekade 90, www.desmoeshaan.nl, telefon: 020 6250368, geöffnet: so-do 11.00-1.00, fr-sa 11.00-3.00, preis: € 17,50, straßenbahn: 1, 2, 5 leidseplein

(11) In **Gollem's Proeflokaal** gibt es 22 belgische und internationale Biersorten vom Fass und weitere aus der Flasche – ein Treffpunkt für echte Bierliebhaber. Jeden Montag findet ein Bier-Probier-Quiz statt, samstags wird Live-Jazz gespielt.
overtoom 160-162, www.cafegollem.nl, telefon: 020 6129444, geöffnet: mo-do 13.00-1.00, fr-sa 12.00-3.00, so 12.00-1.00, preis: bier 3 €, straßenbahn: 1, 3, 7, 12 eerste constantijn huygensstraat/overtoom

GENT AAN DE SCHINKEL ㉑

(16) Das **Abyssinia Afrikaans Eetcafé** serviert eritreische Spezialitäten. Zum Essen teilt man sich eine große Schale voller Köstlichkeiten. Dabei dient die Injera, eine Art Pfannkuchen, als Besteck – die beste Methode, mit den Händen zu essen. Montags und dienstags um 19.00 Uhr findet eine echte eritreische Kaffeezeremonie statt, bei der frische Kaffeebohnen über dem Feuer geröstet werden.
jan pieter heijestraat 190, www.abyssinia.nl, telefon: 06 14141833, geöffnet: täglich 17.00-23.00, preis: 15 €, straßenbahn: 1, 7, 17 j.p. heijestraat

(19) **Ter Brugge** kann sich glücklich schätzen, denn das Lokal hat eine der schönsten Terrassen der Stadt, direkt an der Kostverlorenvaart. Mit schöner Aussicht aufs Wasser kann man bei einem Drink den vorbeifahrenden Booten hinterherträumen. Ein toller Ort mit viel Sonne, der daher vor allem im Sommer oft sehr voll ist. Abends werden einfache Gerichte wie Hamburger oder Salat serviert, mittags gibt es Sandwiches und Hawaii-Toast.
overtoom 578, telefon: 020 612 99 83, geöffnet: so-do 10.00-1.00, fr-sa 10.00-2.00, preis: 17 €, straßenbahn: 1, 17 overtoomsesluis

(21) Bei **Gent aan de Schinkel** ist man mitten in der Stadt und fühlt sich doch wie außerhalb. Das Café-Restaurant bietet eine große Auswahl an Trappistenbieren, man kann außerdem die Aussicht auf die Boote genießen, die über die Schinkel in die Stadt schippern.
theophile de bockstraat 1, www.gentaandeschinkel.nl, telefon: 020 3882851, geöffnet: so-do 11.00-1.00, fr-sa 11.00-2.00, preis: 20 €, straßenbahn: 1 overtoomsesluis, straßenbahn: 2 hoofddorpplein

(23) Eine unauffällige, aber ausgezeichnete Tapasbar mit spanischen Kellnern: Bei **Sal Gorda** werden die typischen *Patatas Bravas*, oder Garnelen in Knoblauchsoße und scharfes Hühnchen serviert. Als Absacker ist der Carajillo (Espresso mit Likör) zu empfehlen.
van breestraat 107 hs, www.salgorda.nl, telefon: 020 6730877, geöffnet: mo-do 17.00-22.30, fr-sa 17.00-23.00, so 17.00-22.30, preis: 20 €, straßenbahn: 2 valeriusplein

'T BLAUWE THEEHUIS ㉖

㉜ L'ENTRECÔTE ET LES DAMES

㉕ **Café Gruter** ist eine gemütliche Kneipe und seit Jahren bei Studenten und Anwohnern sehr populär. Am Freitagnachmittag stimmen sich hier viele auf das Wochenende ein. Eine tolle Location, um einen Drink mit einem kleinen Snack dazu zu genießen.
willemsparkweg 75, www.cafegruter.com, telefon: 020 6796252, geöffnet: so-do 11.00-1.00, fr-sa 11.00-3.00, preis: drink 2 €, straßenbahn: 2 jacob obrechtstraat

㉖ Auf der Terrasse von **'t Blauwe Theehuis** trifft man Jung und Alt, an kühleren Tagen werden die Heizstrahler angeschmissen. Im Sommer werden die Freitag-, Samstag- und Sonntagabende durchgetanz.
vondelpark 5, www.blauwetheehuis.nl, telefon: 020 6620254, geöffnet: täglich 9.00-23.00, preis: drink 3 €, straßenbahn: 2, 3, 5, 12 van baerlestraat

㉚ Die edle **Brasserie Keyzer** hat ihre schwierigen Zeiten erfolgreich überwunden. Dank des Sohnes von Dirigent Japp van Zweden ist die einstige "Grand Dame" der gehobenen Gastronomie wieder voll im Kommen. Das Restaurant serviert echte Klassiker auf hohem Niveau: Jakobsmuscheln, Tournedos Rossini und Meeresfrüchte. Durch und durch typisch für die Gegend Oud-Zuid.
van baerlestraat 96, www.brasseriekeyzer.nl, telefon: 020 6751866, geöffnet: täglich 10.00-0.00, preis: 25 €, straßenbahn: 2, 3, 5, 12 van baerlestraat

㉜ Außer zartem, vorgeschnittenem Entrecôte mit Salat und Pommes wird bei **l'Entrecôte et les Dames** auch Seezunge angeboten. Dieses Restaurant ist bei Fans der klassischen Musik beliebt, die sich hier vor dem Konzert stärken. Daher kommt man am besten nach 20 Uhr, wenn die Menschenmassen wieder weg sind.
van baerlestraat 47-49, www.entrecote-et-les-dames.nl, telefon: 020 6798888, geöffnet: täglich 17.30-23.00, preis: 24 €, straßenbahn: 2, 3, 5, 12 van baerlestraat

Shoppen

(7) Gesundes Essen, pure Produkte: Bei **Marqt** wird das Zeitalter des umweltbewussten Einkaufens eingeläutet. In dem prächtigen Supermarkt bekommen Sie wirklich alle Lebensmittel des täglichen Bedarfs – frisch und von geprüfter Herkunft. Es kann übrigens nur mit Karte gezahlt werden.
overtoom 21, www.marqt.com, telefon: 020 8208292, geöffnet: täglich 9.00-21.00, straßenbahn: 1, 3, 7, 12 eerste constantijn huygensstraat/overtoom

(8) Im Concept-Store **Friday Next** kann man sich problemlos stundenlang herumtreiben. Neben Mode gibt es in diesem großen Laden auch Accessoires und Design, wie etwa die letzten Wohntrends, skandinavisches Design sowie Taschen und Schmuck. Wer zwischendurch eine Stärkung braucht, muss dafür nicht weit gehen: Friday Next hat ein eigenes Café, in dem hausgemachte Brötchen und Salate serviert werden. WLAN gibt's gratis dazu.
overtoom 31, www.fridaynext.com, telefon: 020 6123292, geöffnet: di-fr 9.00-18.00, sa 10.00-17.00, so 12.00-17.00, straßenbahn: 1, 3, 7, 12 eerste constantijn huygensstraat/overtoom

(10) Reiselustige Amsterdamer wissen es schon lange: **Pied a Terre** ist die beste, größte und schönste Reisebuchhandlung der Stadt, und auch über die Grenzen Amsterdams hinaus ist sie etwas ganz Besonderes. Hier findet der Reisende eine gigantische Auswahl an Reiseführern, Globen, Wanderkarten und vielem mehr, außerdem eine gemütliche Kaffee-Ecke.
overtoom 135-137, www.piedaterre.nl, telefon: 020 6274455, geöffnet: mo 13.00-18.00, di-mi & fr 10.00-18.00, do 10.00-21.00, sa 10.00-17.00, straßenbahn: 1, 3, 7, 12 eerste constantijn huygensstraat/overtoom

(12) Dieser Laden ist klein, aber oho: Bei **Vleck Wijnen** gibt es spezielle Weine von überwiegend kleinen Weingütern aus bekannten und unbekannteren Regionen. Feine Tropfen, mit viel Liebe und Fachkenntnis eingekauft, die Beratung ist ebenfalls top. Ein guter Ort, um sich für ein fürstliches Picknick einzudecken.
eerste helmersstraat 63hs, www.vleck.nl, telefon: 020 6835980, geöffnet: mo 14.00-19.00, di-fr 10.30-19.00, sa 10.00-17.00, straßenbahn: 1, 3, 7, 12 eerste constantijn huygensstraat/overtoom

VLECK WIJNEN ⑫

⑮ **Johnny at the Spot** liegt etwas versteckt in der Jan Pieter Heijestraat. Dieses Bekleidungsgeschäft führt unter anderem ein riesiges Jeanssortiment für Männer und Frauen, in dem jeder seine perfekte Jeans findet.
jan pieter heijestraat 94, www.johnnyatthespot.com, telefon: 020 4893868, geöffnet: mo-di 13.00-18.00, mi & sa 11.00-18.00, do-fr 11.00-19.00, so 13.00-17.00, straßenbahn: 1, 7, 17 j.p. heijestraat

27 P.C. HOOFTSTRAAT

(17) An der Overtoom haben sich einige Einrichtungshäuser niedergelassen, darunter **Hip Wonen**. Den neuesten Trends ist man hier heiß auf der Spur. Da keine teuren Namen auf den Preisschildern stehen, sind die Designermöbel bezahlbar.
overtoom 412, www.hipwonen.nl, telefon: 020 6161300, geöffnet: so-mo 12.00-18.00, di-mi & fr-sa 10.00-18.00, do 10.00-20.00, straßenbahn: 1, 7, 17 j.p. heijestraat

(18) Vintagehelme, -ketten, -jacken, -taschen, -brillen, -schuhe, -schränkchen und vor allem sehr viele Möbel zu günstigen Preisen gibt es hier. Auch wer einfach nur herumstöbern möchte, ist bei **Ari** herzlich willkommen.
overtoom 532, telefon: 06 52711591, geöffnet: mo-fr 11.00-18.00, sa 12.00-18.00, straßenbahn: 1 overtoomsesluis

(20) Der Flagship-Store der niederländischen Kindermodemarke **Imps & Elfs** ist in einer ehemaligen Autowerkstatt angesiedelt. Hier finden Sie schöne, praktische und vor allem bequeme Kleidung für ihre Kleinsten. Und wem das noch nicht reicht, der kann hier auch Spielzeug und Accessoires kaufen. Bei jedem Kollektionswechsel wird auch der Laden völlig neu gestylt.
sloterkade 41-44, www.imps-elfs.nl, telefon: 020 3460180, geöffnet: mo-fr 9.30-18.00, sa 9.30-17.00, straßenbahn: 1 overtoomsesluis, 2 hoofddorpplein

(24) Bei **Luuks** muss man etwas tiefer in den Geldbeutel greifen, die handgefertigten Lederschuhe sind ihren Preis aber wirklich wert. Für Markenliebhaber hier eine kleine Auswahl des Sortiments: Jeffrey West, Paul Smith, N.D.C., Freelance en R. Soles. Letztere ist übrigens die Lieblingsmarke von Madonna und Victoria Beckham.
jacob obrechtstraat 12, www.luuks.nl, telefon: 020 6704538, geöffnet: di-sa 11.00-18.00, straßenbahn: 2 jacob obrechtstraat

(27) Die schicke **P.C. Hooftstraat**, auch "PC" genannt, ist bekannt für ihre Edelboutiquen. Dolce & Gabbana, Louis Vuitton, DKNY, Gucci, Armani und Hugo Boss sind hier zu finden. Entsprechend hoch ist die Dichte an BNern – berühmten Niederländern – und anderen Promis. Es fahren dicke Autos durch die Straßen, und man hört regelmäßig Russisch. Ein sehenswertes Spektakel.
p.c. hooftstraat

100% there

(4) Musicalfans aufgepasst! Im neuen **DeLaMar Theater** am Leidseplein stehen die ganz großen Musicalstars auf der Bühne. Der Theater- und Fernsehproduzent Joop van den Ende hat sich mit dem DeLaMar seinen Traum von einem eigenen Theater erfüllt. Auf dem Programm stehen Kabarett sowie weitere Kunstformen. Das Foyer schmücken, von Theaterklassikern inspirierte, Werke des niederländischen Fotografen Erwin Olaf.
marnixstraat 402, www.delamar.nl, telefon: 0900 3352627, geöffnet: vorstellungsbeginn meistens gegen 20.00, grand café geöffnet: ab 17.00, für programm und eintritt siehe website, straßenbahn: 1, 2, 5, 7, 10 leidseplein

(13) Das **Wilhelmina-Gasthuis-Gelände** ist ein verlassener Krankenhauskomplex, dem Privatpersonen, Künstler, soziale Organisationen und kleine Unternehmen neues Leben eingehaucht haben. Das Theater Frascati unterhält auf dem Gelände einen Saal für junge, aufstrebende Theatergruppen.
ketelhuisplein 41, www.wg-terrein.nl, straßenbahn: 1, 3, 7, 12 eerste constantijn huygensstraat/overtoom

(14) Das **PAL 111** hat sich in einem ehemaligen pathologisch-anatomischen Labor auf dem Wilhelmina-Gasthuis-Gelände niedergelassen. Ausgezeichnetes Essen, exklusive Filme und Kunstprojekte, wie zum Beispiel experimentelle Musikaufführungen, sind hier zu entdecken. Ein echter Geheimtipp, wenn Sie Amsterdam jenseits der ausgetretenen Pfade kennenlernen möchten.
arie biemondstraat 111, www.pal-111.nl, telefon: 020 6169994, geöffnet: mo-do 12.00-1.00, fr 12.00-3.00, sa 14.00-3.00, so 14.00-1.00, eintritt: wechselnd, abendessen 17,50 €, straßenbahn: 1 j.p. heijestraat, 17 ten katemarkt

(22) Für viele Amsterdamer ist der **Vondelpark** wie ihr eigener Garten, hier werden Partyzelte aufgestellt und Familienfeste gefeiert. Von Juni bis August veranstaltet die Freiluftbühne mittwochs bis sonntags allabendlich Tanz-, Theater- und Musikaufführungen, der Eintritt ist frei.
constantijn huygensstraat, www.vondelpark.nl, geöffnet: rund um die uhr, straßenbahn: 2, 3, 5, 12 van baerlestraat

VONDELPARK ㉒

㉝ Nach der abgeschlossenen Rundumerneuerung der drei Museen an diesem Platz wird auch der **Museumplein** in den kommenden Jahren einer Neugestaltung unterzogen werden. Momentan bietet der Platz eine große Wiese mit Bäumen, Kieswegen, Sitzbänken und einem Teich, der sich im Winter in eine Eislaufbahn verwandelt. Im Sommer treffen sich hier Museumsbesucher, Fußballer und picknickende Sonnenanbeter.
museumplein, straßenbahn: 2, 3, 5, 12 museumplein

Oud-Zuid & Oud-West

SPAZIERGANG 4

Bestaunen Sie zuerst die Meisterwerke im Rijksmuseum (1). In der Stadhouderskade, die Museumbrug überquerend, gelangt man links in der Lijnbaansgracht zu Te Pas (2). Halten Sie sich rechts, biegen Sie in die Korte Leidsedwarsstraat und gehen Sie bis zum Leidseplein (3). In der Marnixstraat kann man ein Musical oder Kunstfotografie ansehen (4). Kurze Pause (5). Wenn man links abbiegt, findet man in der Leidsekade das Theatercafé De Smoeshaan (6), rechts und über die Stadhouderskade gelangt man zur Overtoom, wo ein städtische Bauernmarkt stattfindet und ein toller Einrichtungsladen (7) (8) ist. Biegen Sie links ab in die Van Baerlestraat und rechts in die Vondelstraat bis zur Vondelkerk (9). Zurück auf der Overtoom gibt's noch mehr Geschäfte (10) und Cafés (11). Weiter geht es geradeaus bis zur Eerste Helmersstraat. Gute Weine finden Sie bei Vleck (12), hierfür rechts abbiegen. Ansonsten links abbiegen, rechts durch das Tor auf das alte Krankenhausgelände (13). Im Zickzack über das Gelände zur Arie Biemondstraat, um sich in einem ehemaligen pathologisch-anatomischen Labor einen Film oder eine Kunstinstallation anzusehen (14). Gehen Sie durch die Nicolaas Beet- und Jacob van Lennepstraat Richtung Jan Pieter Heijestraat; hier gibt es diverse Läden (15) und Restaurants (16). An der Overtoom rechts abbiegen, wo schöne Einrichtungshäuser (17) (18) zu finden sind. Legen Sie bei Ter Brugge (19) eine Verschnaufpause ein, durchstöbern Sie Kinderkleidung (20) oder vertreiben Sie die Zeit auf der Terrasse von Gent aan de Schinkel (21). An der Theophile de Bokstraat links geht's zum Vondelpark (22). Verlassen Sie den Park rechts Richtung Van Eeghenstraat, dann rechts in die Cornelis Schuystraat zum schicken Viertel Oud-Zuid. Biegen Sie links in die Van Breestraat (23), wieder links in die Jacob Obrechtstraat zu den Luxus-Shops (24) und Cafés (25). Gehen Sie zurück in den Vondelpark, zum Blauwe Theehuis (26). Den Park verlassend, geht's rechts in die Hobbemastraat, weiter zur P.C. Hooftstraat, um Promis zu entdecken (27). Laufen Sie weiter bis zur Van Baerlestraat nach links und biegen Sie links ab in die Paulus Potterstraat zum Stedelijk Museum (28) und Van Gogh Museum (29). Kehren Sie für ein schickes Essen zurück zur Van Baerlestraat (30) (31) (32). Schließen Sie den Spaziergang am Museumplein (33) ab und machen Sie ein Foto beim berühmten I Amsterdam.

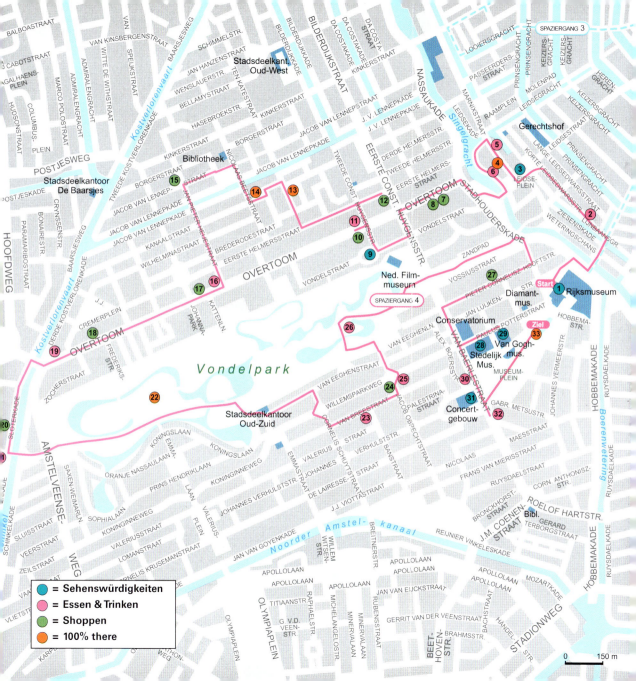

Rembrandtplein, Utrechtsestraat & De Pijp

1. Rijksmuseum
2. Te Pas
3. Stadsschouwburg
4. DeLaMar Theater
5. Weber
6. De Smoeshaan
7. Marqt
8. Friday Next
9. Vondelkerk
10. Pied a Terre
11. Gollem's Proeflokaal
12. Vleck Wijnen
13. Wilhelmina-Gasthuis-Gelände
14. PAL 111
15. Johnny at the Spot
16. Abyssinia Afrikaans Eetcafé
17. Hip Wonen
18. Ari
19. Ter Brugge
20. Imps & Elfs
21. Gent aan de Schinkel
22. Vondelpark
23. Sal Gorda
24. Luuks
25. Café Gruter
26. 't Blauwe Theehuis
27. P.C. Hooftstraat
28. Stedelijk Museum
29. Van Gogh Museum
30. Brasserie Keyzer
31. Concertgebouw
32. l'Entrecôte et les Dames
33. Museumplein

Schick und im Trend

In diesem Teil der Stadt treffen verschiedene Mikrokosmen aufeinander. Die Atmosphäre auf dem Rembrandtplein steht in krassem Kontrast zu jener in der Utrechtsestraat. In den Kneipen rund um den Platz wird das Leben zügellos gefeiert, während die Utrechtsestraat, eine der schönsten Einkaufsmeilen Amsterdams, gediegene Eleganz ausstrahlt. Viele Anwohner des Grachtengürtels erledigen in den kleinen Fachgeschäften am Samstag ihre Wochenendeinkäufe: biologischen Käse, Fleisch von glücklichen Tieren, die herrlichsten Torten und Pralinen. Dazwischen laden Toprestaurants, gemütliche Lokale und gute Cafés zum Schlemmen ein.

Die Museen entlang der Grachten sind weniger bekannt, bieten allerdings tolle Ausstellungen und darüber hinaus die Möglichkeit, einen Blick hinter die Fassaden der Grachtengebäude zu werfen. Zu entdecken gibt es das Taschenmuseum Hendrikje, das "Katzenkabinett", das Fotografiemuseum Foam und das Museum van Loon. Genießen Sie die Ruhe rund ums Carré und die

5

Magere Brug, bestaunen Sie die stattlichen Häuser und entdecken Sie die Kunstschätze in der Hermitage. Schauen Sie sich auch das weltberühmte Amstel Hotel an, in dem Madonna, Bono und viele Adlige gerne übernachten. Hier wird übrigens ein ausgezeichneter high tea serviert.

An der wunderschönen, ruhigen Weesperzijde begegnet man vor allem Radfahrern, Spaziergängern und Joggern. Über die Brücke gelangt man ans andere Ufer der Amstel, wo das Klima merklich multikultureller und hipper wird. Willkommen in De Pijp! Die ehemalige Arbeitergegend ist heute das Szeneviertel der Stadt. Zwischen den surinamischen Imbissbuden, türkischen Nähateliers und Halal-Metzgereien eröffnen immer mehr schicke Restaurants. Die schmalen Gebäude aus dem 19. Jahrhundert ziehen vor allem junge Doppelverdiener und Unternehmer an, was sich auch deutlich auf das Nachtleben ausgewirkt hat. In den zahllosen Kneipen treffen sich die jungen Amsterdamer; nur einen Katzensprung entfernt liegen der beliebte Albert Cuypmarkt und der Sarphatipark.

6 Insider-Tipps

Taschenmuseum Hendrikje

Alles über Taschen erfahren.

Amstelveld

Auf einem historischen Platz zur Ruhe kommen.

Foam

Mehrere Fotoausstellungen unter einem Dach besuchen.

Juttersdok

Ein Vintage-Geschäft durchstöbern.

De Ysbreeker

Auf der großen Terrasse gemütlich essen.

Albert Cuypmarkt

Frische Sirupwaffeln probieren und neue Socken kaufen.

- 🟢 **Sehenswürdigkeiten**
- 🟢 **Shoppen**
- 🔴 **Essen & Trinken**
- 🟠 **100% there**

Sehenswürdigkeiten

① **De Munt** ist ein Überrest des Reguliersport, einem früheren Teil der mittelalterlichen Stadtmauer. Der Münzturm erhielt seinen Namen 1672, als Gold und Silber nicht mehr zu den Münzorten Dordrecht und Enkhuizen transportiert werden konnten. Amsterdam erlangte damals zeitweilig das Recht zur Münzprägung in dem ehemaligen Wärterhäuschen.
muntplein, geöffnet: nicht öffentlich zugänglich, straßenbahn: 4, 9, 16, 24, 25 munt

⑨ **Amstelveld** ist vielleicht Amsterdams schönster Platz. Auf einer Bank sitzend schaut man den Boule-Spielern zu, und am Montag findet hier ein Pflanzen- und Blumenmarkt statt. In der Amstelkerk werden Konzerte gegeben. Direkt gegenüber des Platzes steht die Duif, jene Kirche, in der der niederländische Schauspieler und Moderator Jos Brink predigte.
amstelveld, straßenbahn: 4, 9, 14 rembrandtplein

⑩ Ein absolutes Muss für Fotografieliebhaber ist Amsterdams Fotografiemuseum **Foam**. Große Namen wie Erwin Olaf und Jim Goldberg stellen hier ihre Werke aus, außerdem junge, noch unbekannte Talente. Meistens sind drei bis vier Ausstellungen gleichzeitig zu sehen.
keizersgracht 609, www.foam.nl, telefon: 020 5516500, geöffnet: sa-mi 10.00-18.00, do-fr 10.00-21.00, eintritt: 8,75 €, straßenbahn: 16, 24, 25 keizersgracht

⑪ Das **Stadtarchiv** beherbergt 35 Regalkilometer an Dokumenten, Bilddrucken, Video- und Audioaufnahmen sowie Karten. Klingt vielleicht trocken, aber: Die regelmäßig organisierten Ausstellungen sind für Geschichtsfans sehr interessant. Im Filmsaal wird Found Footage, also Filmmaterial aus den 1950er-Jahren vorgeführt.
vijzelstraat 32, www.stadsarchief.amsterdam.nl, telefon: 020 2511511, geöffnet: di-fr 10.00-17.00, sa-so 12.00-17.00, eintritt: frei (außer während ausstellungen),, straßenbahn: 16, 24, 25 keizersgracht

㉘ Die **Magere Brug**, eine der schönsten Zugbrücken Amsterdams, erstrahlt abends im Schein Tausender Lämpchen. Angeblich ließen die beiden gut betuchten Schwestern Mager, die an den gegenüberliegenden Ufern der Amstel wohnten, die Brücke 1670 erbauen, um einander einfacher besuchen zu können. Wahrscheinlicher ist jedoch, dass die Brücke deswegen so heißt, weil sie so schmal ist, ursprünglich sogar noch schmaler als heute.
amstel, zwischen keizersgracht und prinsengracht (in verlängerung der kerkstraat), straßenbahn: 4 prinsengracht

㉙ Am 19. Juni 2009 eröffnete Königin Beatrix zusammen mit dem russischen Präsidenten Medwedew feierlich die **Hermitage Amsterdam**. Im einzigen ausländischen Ableger des weltberühmten Museums in St. Petersburg sind auf 4000 m² Kunstschätze aus aller Welt zu bewundern. Es werden auch Workshops angeboten und Filme gezeigt, die die reiche Geschichte Russlands und St. Petersburgs illustrieren.
amstel 51, www.hermitage.nl, telefon: 020 5308755, geöffnet: täglich 10.00-17.00, eintritt: 15 €, u-bahn: 51, 53, 54 waterlooplein, straßenbahn: 9, 14 waterlooplein

㉚ Im **Joods Historisch Museum** (Jüdisches Historisches Museum) erfahren Sie alles über die jüdische Kultur, Religion und Geschichte. Zu sehen gibt es dort eine große Sammlung von Kriegsdokumenten sowie persönliche Erinnerungsstücke wie Briefe, Tagebücher, Fotos und Filme.
nieuwe amstelstraat 1, www.jhm.nl, telefon: 020 5310310, geöffnet: täglich 11.00-17.00, eintritt: 12 €, u-bahn: 51, 53, 54 waterlooplein

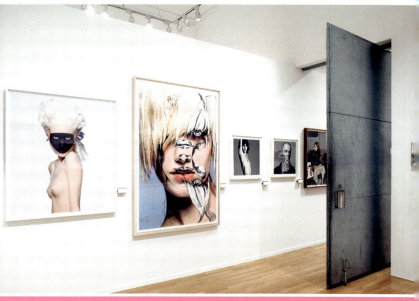

FOAM ⑩

Essen & Trinken

③ Mit seiner originellen Art-déco-Einrichtung und einer ureigenen Atmosphäre unterscheidet sich das **Café Schiller** deutlich von den übrigen Kneipen rund um den Rembrandtplein. Ideal, um vor oder nach der Vorstellung im Tuschinski oder in De Kleine Komedie noch etwas zu trinken. Die Appetithäppchen, die Hauptgerichte und der Wein sind einfach köstlich.
rembrandtplein 24a, www.cafeschiller.nl, telefon: 020 6249846, geöffnet: mo-do 16.00-1.00, fr 16.00-3.00, sa 14.00-3.00, so 14.00-1.00, preis: 10 €, straßenbahn: 4, 9, 14 rembrandtplein

⑫ Samstags und rund um die Feiertage steht immer eine lange Schlange vor der **Patisserie Holtkamp**, einer der besten Feinbäckereien der Stadt. Besonderheit: Es gibt auch herzhaftes, wie zum Beispiel köstliche Kroketten.
vijzelgracht 15, www.patisserieholtkamp.nl, telefon: 020 6248757, geöffnet: mo-fr 8.30-18.00, sa 8.30-17.00, straßenbahn: 4, 7, 10, 16, 24, 25 weteringcircuit

⑬ Bei **De Taart van m'n Tante** bekommen Sie fantastische Torten, zum Mitnehmen oder Vor-Ort-Genießen. Schon beim Anblick der Köstlichkeiten im Schaufenster läuft einem das Wasser im Mund zusammen. Der fröhliche Lunchroom ist mit großen Schirmlampen und bunten Farben eingerichtet, und auf jedem Tisch steht eine Riesentorte. In dem Tortenpalast finden auch ständig tolle Kinderpartys statt.
ferdinand bolstraat 10, www.detaart.com, telefon: 020 7764600, geöffnet: täglich 10.00-18.00, preis: kaffe und kuchen 7 €, straßenbahn: 16, 24 marie heinekenplein

⑭ Eigentlich wollten die Inhaber von der **Brasserie SenT** im französischen Limousin ein Restaurant eröffnen, haben dann aber beschlossen, Gerichte aus dieser Region in Amsterdam zu servieren. Ihre französische Küche ist absolut authentisch, aber ab und zu erlauben Sie sich doch kulinarische Seitensprünge. Im Vordergrund stehen Gerichte der Saison und erlesene Weine, die man allesamt pro Glas bestellen kann – sogar die teuersten. Kurz: Köstlich essen in einem lockeren Wohnzimmerambiente.
saenredamstraat 39, www.restaurantsent.nl, telefon: 020 6762495, geöffnet: di-do 18.00-1.00, fr-sa 18.00-3.00, straßenbahn: 16, 24 albert cuypstraat

DE TAART VAN M'N TANTE ⑬

⑯ Wo kann man heutzutage noch für einen Zehner satt werden? Bei **Spang Makandra**. Hier gibt es das beste javanesisch-surinamische Essen weit und breit, die Leute warten oft draußen vor der Tür, um drinnen einen Platz zu ergattern. Probieren Sie auf jeden Fall *Roti* (Fladenbrot) mit Lammfleisch und *Teloh* mit *Bakkeljauw* (frittierte Maniokscheiben mit Salzfisch).
gerard doustraat 39, www.spangmakandra.nl, telefon: 020 6705081, geöffnet: di-sa 11.00-22.00, so 13.00-22.00, preis: 10 €, straßenbahn: 16, 24 albert cuypstraat

⑲ IJSCUYPJE

(19) Das Konzept von **IJscuypje/Stamppotje** ist denkbar einfach: Im Sommer gibt es frisches Eis, im Winter selbst gemachten Eintopf. Das Eis wählt man aus den guten alten Sorten Zitrone, Himbeer oder Pistazie, hergestellt aus frischen Zutaten – keine komplizierten Kreationen mit Macadamianüssen oder Karamellswirls. Die urholländischen Eintopfgerichte sind auch zum Mitnehmen.
eerste van der helststraat 27, www.ijscuypje.nl, telefon: 020 4795565, geöffnet: saisonbedingt wechselnd, preis: eis 3 €, straßenbahn: 16, 24 albert cuypstraat, 3 tweede van der helststraat

(21) Das **Café Krull** bietet leckere Sandwiches, eine schöne Terrasse, immer genug Bier vom Fass und einen praktischen Lesetisch. Die kleine Oase der Ruhe ist bei Einheimischen sehr beliebt.
sarphatipark 2, www.cafekrull.com, telefon: 020 6620214, geöffnet: mo-do 9.00-1.00, fr-sa 9.00-3.00, so 10.00-1.00, preis: sandwich 4,50 €, straßenbahn: 16, 24 albert cuypstraat, 3, 25 eerste van der helststraat

(22) Lust auf einen originellen Musikabend und aufs Tanzen? **De Badcuyp** eignet sich perfekt für beide Vergnügungen, abgesehen davon gibt es hier gute Bio-Küche. Dienstags, mittwochs, donnerstags und sonntags kann man bei Livemusik zu Abend essen. Probieren Sie auch die Cocktails, wenn Sie am Salsa-Abend da sind.
eerste sweelinckstraat 10, www.badcuyp.nl, telefon: 020 6759669, geöffnet: di-do & so 12.00-1.00, fr-sa 12.00-3.00, preis: 15 €, straßenbahn: 4, 25 stadhouderskade, 16, 24 albert cuypstraat

(24) Wie der Name schon sagt: Bei **A la Ferme** steht schlichte, französische Bauernküche auf der Speisekarte, manchmal ganz deftig, dann wieder etwas verfeinert. Das Menü wechselt täglich und hält Leckereien wie Kaninchenpastete oder geröstete Wachtel bereit, nicht zu vergessen die reichlich garnierte Käseplatte. Die richtige Adresse, wenn es etwas zu feiern gibt.
govert flinckstraat 251, www.alaferme.nl, telefon: 020 6798240, geöffnet: di-sa 18.00-22.00, preis: 25 €, straßenbahn: 16, 24 albert cuypstraat

㉕ **Bij Kees** wird gegessen, was auf den Tisch kommt. Jeden Tag ist ein anderes Drei-Gänge-Menü im Angebot, immer frisch und originell. Wenn Sie lieber nicht überrascht werden möchten, rufen Sie Kees einfach mittags an und fragen Sie ihn, was es heute gibt (er spricht auch Englisch). Ein wirklich entspannter Ort, der gemütlich wie ein Wohnzimmer eingerichtet ist.
weesperzijde 44, www.bijkees.nl, telefon: 06 30712606, geöffnet: di-do 17.00-1.00, fr-sa 17.00-3.00, preis: 25,50 €, u-bahn: 51, 53, 54 weesperplein

㉖ Bei **De Ysbreeker** nutzen viele Freiberufler die kostenlose WLAN-Verbindung, während sie einen guten Kaffee trinken oder den köstlichen Lunch genießen. Natürlich lässt es sich an einem freien Tag genauso gut an dem Zeitungstisch mit heller Beleuchtung aushalten. Feinschmecker schätzen die hochwertige, bezahlbare Küche mit originellen Gerichten. Auf der großen Terrasse findet man oft ein schönes Plätzchen im Schatten.
weesperzijde 23, www.deysbreeker.nl, telefon: 020 4681808, geöffnet: so-do 8.00-1.00, fr-sa 8.00-2.00, preis: 20 €, u-bahn: 51, 53, 54 weesperplein

CAFÉ KRULL 21

6 **CONCERTO**

Shoppen

(5) Bei **Studio Bazar** finden Sie alle denkbaren Kochutensilien, von Schneidebrettern über Kaffeemühlen bis hin zu Eieruhren. Das Pflichtprogramm für leidenschaftliche Hobbyköche.
keizersgracht 709, www.studiobazar.nl, telefon: 020 6222858, geöffnet: mo-mi & fr-sa 10.00-18.00, do 10.00-21.00, straßenbahn: 4 prinsengracht

(6) Bei **Concerto** bekommen Sie einen eigenen CD-Player, mit dem Sie ungestört stundenlang durch die Sammlung stöbern und CDs probehören können. Es gibt eine Abteilung mit gebrauchten Tonträgern und eine Theke, an der man seine alten CDs abgeben kann. Hier findet man die Musik, die man nicht downloaden kann oder will.
utrechtsestraat 52-60, www.concerto.nu, telefon: 020 6235228, geöffnet: mo-mi & fr-sa 10.00-18.00, do 10.00-21.00, so 12.00-18.00, straßenbahn: 4 prinsengracht

(7) Bei **Jan** können Sie originelle Geschenke erstehen: Bücher, Einrichtungsgegenstände, Taschen von jungen Designern, Gürtel, Schmuck und diverse weitere, äußerst hübsche Mitbringsel für die Daheimgebliebenen.
utrechtsestraat 74, telefon: 020 6264301, geöffnet: mo 12.00-18.30, di-fr 11.00-18.30, sa 11.00-18.00, so 13.00-18.00, straßenbahn: 4 prinsengracht

(8) Der Secondhandladen **Juttersdok** hat gleich mehrere Filialen in der Stadt, die schönsten Stücke landen jedoch hier: herrlich alte Kameras, Schalen, Silberbesteck, Taschen, Kleidung, alte Poster, Postkarten. Die Preise sind noch so, wie es sich für Secondhandsachen gehört, denn hier wird nicht versucht, mit dem Vintage-Hype ein gutes Geschäft zu machen.
kerkstraat 354, www.juttersdok.nl, telefon: 020 6861071, geöffnet: mo-fr 10.00-18.00, straßenbahn: 4 prinsengracht

(15) **De Kinderfeestwinkel** ist weit und breit der mit Abstand tollste Laden für Kinder: Kostüme, Masken, Vorlesebücher, Picknicksachen, Ritterschwerter, Kuscheltiere und vieles mehr für den nächsten Kindergeburtstag.
gerard doustraat 65, kinderfeestwinkel.nl, telefon: 020 6722215, geöffnet: mo-fr 10.00-18.00, sa 10.00-17.00, straßenbahn: 16, 24, 25 marie heinekenplein

(17) Wenn Sie auf der Suche nach einem neuen Kleid sind, schauen Sie sich auf jeden Fall bei **Haastje Repje** um. Viele schicke Kleider hängen hier neben echten Klassikern, außerdem gibt es Hosen, Jacken und Blusen sowie schöne, bezahlbare Accessoires aus Silber und Perlenschmuck.
ferdinand bolstraat 96, www.haastjerepje.nl, telefon: 020 6791403, geöffnet: mo 12.00-18.00, di-fr 10.00-18.00, sa 10.00-17.30, straßenbahn: 16, 24 albert cuypstraat

(18) Schlendern Sie über den **Albert Cuypmarkt**, auf dem die Händler lauthals versuchen, ihre Waren an den Mann zu bringen. Es duftet nach Blumen, Sirupwaffeln, Hähnchen und Hering, und es gibt günstige Kleidung. Schauen Sie auch mal hinter die Stände, denn dort verbergen sich schöne Läden.
albert cuypstraat, www.albertcuypmarkt.nl, geöffnet: mo-sa 9.00-17.00, straßenbahn: 4 stadhouderskade, straßenbahn: 16, 24 albert cuypstraat

(20) **De Vredespijp** gab es schon lange bevor De Pijp zum Szeneviertel auserkoren wurde. Seit jeher ein Geschäft für den An- und Verkauf von Art-déco-Möbeln, wurde das Angebot inzwischen um Vintagekleidung im Stil der 1930er-Jahre erweitert. Außerdem gibt es ein Café, dessen Möbel man ebenfalls kaufen kann.
eerste van der helststraat 11a, www.vredespijp-artdeco.com, telefon: 020 6764855, geöffnet: mo-fr 8.00-18.00, sa 10.00-18.00, straßenbahn: 16, 24 albert cuypstraat

(23) **De Emaillekeizer** ist ein Fachgeschäft für Emailleprodukte aus aller Herren Länder. Außerdem gibt es einzigartige, handgemalte Filmposter aus Ghana, Kalebassenlampen und Tischdecken. Bei afrikanischer Hintergrundmusik können Sie hier nach Herzenslust in fremden Kulturen stöbern.
eerste sweelinckstraat 15, www.emaillekeizer.nl, telefon: 020 6641847, geöffnet: mo-fr 10.30-18.00, sa 10.00-18.00, straßenbahn: 4, 16, 20, 24, 25 albert cuypstraat

DE EMAILLEKEIZER

100% there

(2) Im **Pathé Tuschinski** erfreut man sich nicht nur am Kinofilm auf der Leinwand, sondern auch am Baustil dieses einzigartigen Art-déco-Meisterwerks aus dem Jahr 1921. Reservieren Sie einen Platz auf dem Balkon im großen Saal oder nutzen Sie eines der tollen Arrangements wie V.I.P. oder "Loveseat".
reguliersbreestraat 26-34, www.pathe.nl/tuschinski, telefon: 0900 1458, für öffnungszeiten und eintrittspreise siehe website, straßenbahn: 4, 9, 16, 24, 25 muntplein

(4) Das **Taschenmuseum Hendrikje** verfügt über mehr als 4000 Exponate und ist somit das größte Taschenmuseum der Welt. Hier bekommen Besucher einen Einblick in die Geschichte der Tasche vom Spätmittelalter bis in die Gegenwart. Neben Beuteln, Koffern und Schulmappen gibt es schicke Clutches und Handtaschen von Louis Vuitton oder Hermès zu bewundern. Außerdem kann man in Workshops seine eigene (Handy-)Tasche entwerfen, während Kinder an einer Schnitzeljagd teilnehmen. Besondere Taschen werden im Museumsladen angeboten, und im hauseigenen Café können Sie den Museumsbesuch mit einem Mittagessen oder high tea abschließen.
herengracht 573, www.tassenmuseum.nl, telefon: 020 5246452, geöffnet: täglich 10.00-17.00, eintritt: 9 €, straßenbahn: 4, 16, 24, 25 keizersgracht

(27) Karten fürs **Carré** müssen frühzeitig reserviert werden. Das einstige Zirkustheater des Zirkusdirektors Oscar Carré, das 2004 prachtvoll renoviert wurde, ist seit 1887 das berühmteste Theater der Niederlande. Dank seiner über hundertjährigen Geschichte trägt es das Prädikat "königlich". Programm, Vorstellungsbeginn und Eintrittspreise können Sie auf der Webseite einsehen. Das Programmheft kann auch telefonisch angefordert werden.
amstel 115-125, www.theatercarre.nl, telefon: 0900 2525255, geöffnet: je nach vorstellung, für programm und eintrittspreise siehe website, straßenbahn: 7, 10 weesperplein, u-bahn: 51, 53, 54 weesperplein

PATHÉ TUSCHINSKY ②

㉛ Die meisten niederländischen Kabarettisten treten am liebsten in **De Kleine Komedie** auf. Der Saal ist nicht allzu groß, das Programm wird aus einer bunten Mischung von alten Hasen und neuen Talenten dargeboten. Jeden Abend wird hier herzhaft gelacht. Darüber hinaus finden Theater- und Musikaufführungen statt.
amstel 56-58, www.kleinekomedie.nl, telefon: 020 6240534, geöffnet: je nach vorstellung, für programm & eintritt siehe webseite,, straßenbahn: 4, 9 rembrandtplein, 16, 24, 25 de munt, u-bahn: 51, 53, 54 waterlooplein

Rembrandtplein, Utrechtsestraat & De Pijp

SPAZIERGANG 5

Gehen Sie von de Munt ❶ aus durch die Reguliersbreestraat und schauen Sie sich einen Film im wunderschönen Tuschinski Theater an ❷. Mehr Art déco gibt es im Café Schiller ❸. Dann rechts in die Utrechtsestraat abbiegen und sofort wieder rechts in die Herengracht gehen, um das Taschenmuseum Hendrikje ❹ zu besuchen. Zurück in die Utrechtsestraat spazieren, um zu shoppen ❺ ❻ ❼. Links abbiegend in die Kerkstraat findet man Kuriosa und Antiquitäten ❽, außerdem ein paar Galerien. Kehren Sie um und gehen Sie bis zum Amstelveld ❾. Rechts abbiegen in die Reguliersgracht, nach der Brücke links in die Keizersgracht Richtung Foam, ein Muss für Fotofans ❿. Rechts in der Vijzelstraat kann man im Stadtarchiv stöbern ⓫. Zurück durch die Vijzelstraat. Ein kurzer Halt bei Holtkamp, um Garnelenkroketten zu essen ⓬, und weiter bis zum Weteringcircuit. Über den Kreisel und geradeaus in die Ferdinand Bolstraat gehen. Gönnen Sie sich bei Taart van m'n Tante ⓭ ein Stück Kuchen. Dann links in die Saenredamstraat abbiegen, wo sich die Brasserie SenT ⓮ befindet. Zurückgehen und links in der Gerard Doustraat ein paar tolle Läden besuchen ⓯ oder Essen genießen ⓰. In der Ferdinand Bolstraat geht's weiter mit Shoppen ⓱. Anschließend umkehren und rechts abbiegen Richtung Albert Cuypmarkt ⓲. Links und/oder rechts gelangt man in die Eerste van der Helststraat ⓳ ⓴ ㉑. Über den Markt schlendernd geht's links in die Eerste Sweelinckstraat ㉒, rechts finden Sie schöne Emailleschalen ㉓. Essen Sie in der Govert Flinckstraat bei A la Ferme ㉔. Spazieren Sie weiter zum Albert Cuypmarkt bis zur Van Woustraat, biegen Sie links ab in die Tweede Jan Steenstraat und gehen bis zum Amsteldijk. Biegen Sie rechts ab und überqueren Sie dann die Nieuwe Amstelbrug zur Weesperzijde, um sich zu stärken ㉕ ㉖. Weiter geht's durch den Tunnel, am Amstel Hotel vorbei, über die Amstel, um das Königliche Theater Carré ㉗ zu besuchen. Von der Magere Brug ㉘ aus hat man eine tolle Aussicht über den Fluss. Laufen Sie an der Amstel entlang, an der beeindruckenden Hermitage ㉙ vorbei. Biegen Sie dann rechts ab in die Nieuwe Herengracht. Auf dem Jonas Daniël Meijerplein links lernt man viel über die Geschichte des Judentums ㉚. Lassen Sie den Tag in De Kleine Komedie ㉛ an der Amstel heiter ausklingen.

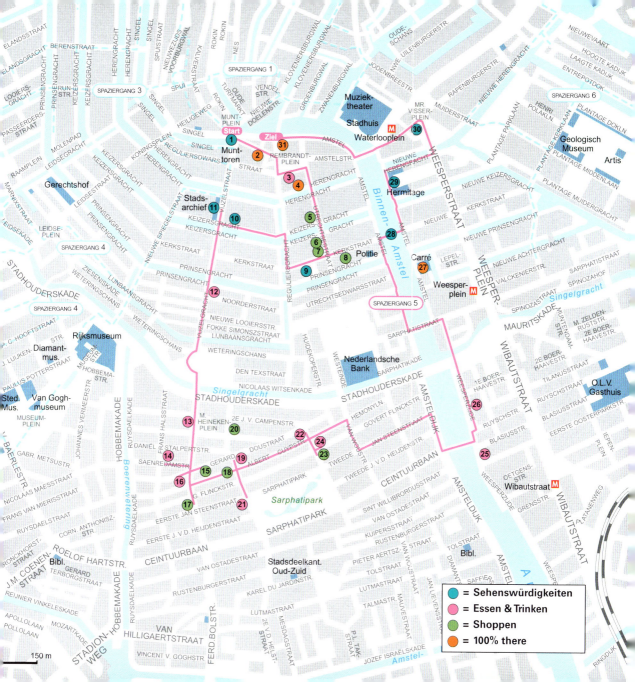

1. De Munt
2. Pathé Tuschinski
3. Café Schiller
4. Taschenmuseum Hendrikje
5. Studio Bazar
6. Concerto
7. Jan
8. Juttersdok
9. Amstelveld
10. Foam
11. Stadtarchiv
12. Patisserie Holtkamp
13. De Taart van m'n Tante
14. Brasserie SenT
15. De Kinderfeestwinkel
16. Spang Makandra
17. Haastje Repje
18. Albert Cuypmarkt
19. IJscuypje / Stamppotje
20. De Vredespijp
21. Café Krull
22. De Badcuyp
23. De Emaillekeizer
24. A la Ferme
25. Bij Kees
26. De Ysbreeker
27. Carré
28. Magere Brug
29. Hermitage Amsterdam
30. Joods Historisch Museum
31. De Kleine Komedie

De Eilanden & Oost

Neu & Alt, Architektur & Multikulti

Alte Grachten, urige Kneipen und ein großes Rotlichtviertel: Das ist das Klischee von Amsterdam. Läuft man von der Rückseite des Hauptbahnhofs in östliche Richtung, bekommt man allerdings ein ganz anderes Bild geboten.

Die Inseln im Oostelijk Havengebied (östliches Hafengebiet), die Namen wie Java, Borneo und KNSM tragen, bieten so manches architektonische Highlight. Hier kann man am Wasser entlangspazieren oder in den Geschäften schöne Designerstücke finden. Am Straßenbild erkennt man, dass das Viertel auf hochgebildete Amsterdamer mit Kindern eine große Anziehungskraft ausübt: Man trifft auf zahllose junge Mütter, die ihren Nachwuchs in *bakfietsen* (Transporträder) herumkutschieren.

Die Inseln sind mit Amsterdam-Oost und Indische Buurt (indisches Viertel) verbunden, wo sich – nach umfangreicher Modernisierung – der Aufschwung bemerkbar macht, ohne dabei gleich Yuppies in Scharen anzuziehen. Viele

meinten, dass schon die Eröffnung einer Filiale der Coffee Company, dem niederländischen Äquivalent von Starbucks, der Gegend helfen würde. Das ist inzwischen geschehen. Spazieren Sie über den Dappermarkt, wo es Obst und Gemüse zum fairen Marktpreis gibt, schlendern Sie durch die Geschäfte, in denen alle möglichen Sprachen gesprochen werden, und essen Sie preiswerte Roti und türkische Pizzen.

Die Czaar Peterstraat vollzog ebenfalls eine Metamorphose: In dieser Straße liegt nun das angesagte Roest, ein kultureller Hotspot mit dazugehörigem Club. Auch die Galerien und kleinen Fachgeschäfte machen dieses Viertel so interessant. Schauen Sie sich die Kalenderpanden an, wo einst reger Handel betrieben wurde und heute Leute wohnen, besuchen Sie Artis und spazieren Sie auch durch das ehemalige Judenviertel. Viele Museen und Gedenkstätten erinnern an die Zeit, als die Nazis aus diesem Viertel ein Ghetto machten. Dank der vielen stattlichen Häuser und breit angelegten Straßen ist dies eine der schönsten Gegenden Amsterdams – und als solche noch immer ein kleiner Geheimtipp.

6 Insider-Tipps

Zentralbibliothek

Die Aussicht von der siebten Etage aus genießen.

Muziekgebouw aan het IJ & Bimhuis

Ein Konzert besuchen.

Kanis en Meiland

Sich unter die Insulaner mischen.

Roest

Auf einer alten Werft dinieren und tanzen.

Dappermarkt

Günstig einkaufen und an den Ständen vorbeischlendern.

Hannekes Boom

Am Kai relaxen.

- 🟢 **Sehenswürdigkeiten**
- 🟢 **Shoppen**
- 🟣 **Essen & Trinken**
- 🟠 **100% there**

Sehenswürdigkeiten

(1) Am 07. 07. 2007 wurde die größte Bibliothek der Niederlande eröffnet, die **Zentralbibliothek** in Amsterdam. Auch wenn man als Tourist kein Mitglied wird, lohnt es sich, einen Blick hineinzuwerfen. Außer der schönen, modernen Einrichtung hat man vom Restaurant in der siebten Etage aus einen prächtigen Panoramablick.
oosterdoksekade 143, www.oba.nl, telefon: 020 5230900, geöffnet: täglich 10.00-22.00, eintritt: frei, straßenbahn: 1, 2, 3, 5, 9, 13, 16, 17, 24, 25, 26 hauptbahnhof

(6) Das 1933 erbaute **Pakhuis de Zwijger** war früher ein Kühlhaus für verderbliche Ware, später ein besetztes Gebäude mit einem Übungsraum für Musiker wie Herman Brood. Als eines der letzten Lagerhäuser an diesem Kai beherbergt es heute ein Zentrum für Kunst und Medien, in dem kulturelle Aktivitäten und Veranstaltungen stattfinden. Im dazugehörigen Café-Restaurant werden italienische Speisen serviert: mittags frisch belegtes Ciabattabrot, abends Pizza und Pasta.
piet heinkade 179, www.dezwijger.nl, telefon: 020 6246380, geöffnet: mo-fr 9.00-23.00, für öffnungszeiten und preise siehe website, straßenbahn: 25, 26 muziekgebouw bimhuis

(12) Das **Lloyd Hotel**, eine der außergewöhnlichsten Übernachtungsmöglichkeiten Europas, ist ein prächtig renoviertes ehemaliges Gefängnis und Lichtblick für jeden Designliebhaber. Neben Unterkunft ist das Lloyd Hotel auch eine Kulturelle Botschaft, in der den Gästen mittels Kunst, Lesungen, Konzerten und Pop-up-Veranstaltungen ein Einblick in die niederländische Kultur geboten wird – und niederländischen Besuchern in die Kulturen internationaler Gäste. In der vierten Etage finden Sie eine schöne Bibliothek.
oostelijke handelskade 34, www.lloydhotel.com, telefon: 020 5613636, geöffnet: täglich, preis: 20 €, straßenbahn: 10, 26 rietlandpark

(18) Nur ein paar der alten Mühlen Amsterdams stehen noch, darunter die Kornmühle **De Gooyer**. Die aus dem Jahr 1725 stammende Mühle kann man leider nicht von innen besichtigen. Doch sie ist ein toller Anblick, wie sie so mitten in der Stadt steht.
funenkade 5, straßenbahn: 10 hoogte kadijk

㉔ Der **Oosterpark** bietet viel Platz für Freizeitbeschäftigungen, aber auch für diverse Denkmäler. De Schreeuw ("Der Schrei") wurde zum Gedenken an die Ermordung des niederländischen Filmregisseurs Theo van Gogh aufgestellt und verweist auf das Recht der freien Meinungsäußerung. Das Nationaal Monument Slavernijverleden ist ein Mahnmal, das an die Geschichte der Sklaverei erinnert. Im Sommer finden hier Festivals wie Amsterdam Roots, Appelsap und Keti Koti statt.
oosterpark, straßenbahn: 3, 7, 9, 10, 14, eerste swindenstraat

㉕ Für Liebhaber fremder Kulturen: Das **Tropenmuseum** präsentiert seine Sammlung nicht nur in Vitrinen. Der Besucher begibt sich mithilfe von Filmen und interaktiven Ausstellungen auf Entdeckungsreise durch afrikanische und lateinamerikanische Länder sowie durch die ehemaligen Kolonien wie Niederländisch-Indien. Daneben gibt es immer wieder Sonderausstellungen.
linnaeusstraat 2, www.tropenmuseum.nl, telefon: 020 5688200, geöffnet: sept.-juni di-so 10.00-17.00, juli-aug. täglich 10.00-17.00, eintritt: 13 €, straßenbahn: 3, 7, 9, 10, 14, eerste swindenstraat

㉖ Die zwölf **Kalenderpanden**, die jeweils den Namen eines Monats tragen, wurden 1840 als Teil des Entrepotdok gebaut. Güter, die nicht für Amsterdam bestimmt waren, wurden hier zeitweilig gelagert. Nachdem die Gebäude eine Weile besetzt waren, befinden sich heute darin 44 geräumige Wohnungen. Das neoklassizistische Tor von 1830 gehört ebenfalls zum Entrepotdok.
entrepotdok 97-98, straßenbahn: 9, 14 plantage kerklaan

㉘ Spionage, Hilfeleistung beim Untertauchen, illegale Zeitungen: Das **Verzetsmuseum** (Widerstandsmuseum) beleuchtet das Thema Widerstand in all seinen Facetten. Die Wechselausstellungen zeigen heutige Formen des Widerstands gegen Intoleranz und Unterdrückung. Die Dauerausstellung bezieht sich auf den niederländischen Widerstand gegen die Nazibesetzung von 1940 bis 1945.
plantage kerklaan 61, www.verzetsmuseum.org, telefon: 020 6202535, geöffnet: di-fr 10.00-17.00, sa-mo & feiertage 11.00-17.00, eintritt: 8 €, straßenbahn: 9, 14 plantage kerklaan

㉜ Im Jahr 1892 wurde die **Hollandsche Schouwburg** als viertes Theater Amsterdams erbaut. Während des Zweiten Weltkriegs wurde dieser Ort zum Deportationsschauplatz. Heute ist das Gebäude ein Mahnmal zum Gedenken an die jüdischen Opfer des Zweiten Weltkriegs.
plantage middenlaan 24, www.hollandscheschouwburg.nl, telefon: 020 5310310, geöffnet: täglich 11.00-17.00, eintritt: frei, straßenbahn: 9, 14 plantage kerklaan, u-bahn: 50, 51, 54 waterlooplein

Essen & Trinken

(2) Das im Sommer 2011 eröffnete **Hannekes Boom** ist in kürzester Zeit zum beliebtesten Restaurant-Café der Amsterdamer Szene aufgestiegen. Mit einem eigenen Hafen, einer Picknickwiese, einer Speisekarte mit Biogerichten und viel Platz, um am Wochenende ordentlich abzutanzen, bietet das Lokal neben der Kletterwand genügend Gründe, um mal vorbeizuschauen.
dijksgracht 4, www.hannekesboom.nl, telefon: 020 4199820, geöffnet: so-do 10.00-1.00, fr-sa 10.00-3.00, preis: 17,50 €, u-bahn: 51, 53, 54 hauptbahnhof

(5) **Fifteen Amsterdam** basiert auf der Erfolgsformel des Spitzenkochs Jamie Oliver, den "Naked Chef" trifft man hier allerdings nicht persönlich an. In dem Restaurant werden junge Arbeitslose zu Topköchen ausgebildet, die täglich köstliche Gerichte aus frischen Bioprodukten auf die Teller zaubern.
pakhuis amsterdam, jollemanhof 9, www.fifteen.nl, telefon: 020 5095015, geöffnet: mittagessen mo-sa 12.00-15.00, abendessen täglich 17.30-1.00, küche bis 22.00, preis: 20 €, straßenbahn: 26 kattenburgerstraat

(10) Das Café-Restaurant **Kanis & Meiland 3.0** ist das Stammlokal der Bewohner der KNSM-Insel, die nach der Koninklijke Nederlandse Stoomboot Maatschappij (Königlich Niederländische Dampfschifffahrtsgesellschaft) benannt ist. Auch für Nichtinsulaner ein idealer Ort, um Zeitung zu lesen, ein Spiel zu spielen oder ein Bierchen zu trinken.
levantkade 127, www.kanisenmeiland.nl, telefon: 020 7370674, geöffnet: mo-fr 8.30-1.00, sa-so 10.00-1.00, preis: drink 2,50 €, straßenbahn: 10 azartplein, 26 rietlandpark

(13) Das Restaurant **Mercat** wurden nach dem Vorbild spanischer Markthallen (*mercats*) gestaltet. Auf der Speisekarte stehen zahlreiche spanische und katalanische Gerichte. Das Markthallenflair kommt vor allem durch die Stahlkonstruktion auf, die mit spanischer Leuchtreklame dekoriert ist und die *jamons* und *chorizos*, die von der Decke baumeln.
oostelijke handelskade 4, www.mercat.nl, telefon: 020 3446424, geöffnet: so-do 10.00-1.00, fr-sa 10.00-2.00, preis: 20 €, straßenbahn: 10, 26 rietlandpark

HANNEKES BOOM ②

⑲ Nicht Heineken, sondern die **Brouwerij 't IJ**, direkt neben der De Gooyer Mühle, braut das beste Bier Amsterdams. Bierliebhaber können im dazugehörigen Pub die verschiedenen Sorten probieren, zum Beispiel die Saisonbiere PaasIJ (Osterei) oder IJndejaarsbier (Silvesterbier), allesamt auf traditionelle Weise hergestellt. Freitags um 16.00 Uhr werden Führungen durch die Brauerei angeboten.

funenkade 7, www.brouwerijhetij.nl, telefon: 020 5286237, geöffnet: täglich 14.00-20.00, preis: bier 3 €, führung 4,50 €, straßenbahn: 10 hoogte kadijk

㉚ CAFÉ KOOSJE

⑳ Eine kleine kulinarische Sensation in Amsterdam-Oost ist die **Pompstation**. Weinkenner sind hier an der richtigen Adresse, auf der Karte stehen über hundert verschiedene Weine. Freitags und samstags gibt es regelmäßig Konzerte, oft Jazz, so dass man nach dem Essen auch prima tanzen kann.
zeeburgerdijk 52, www.pompstation.nu, telefon: 020 6922888, geöffnet: restaurant di-sa 18.00-22.30, bar di-do 17.00-1.00, fr-sa 7.00-2.00,, preis: 30 €, straßenbahn: 14 muiderpoortstation

(22) Bei **De ponteneur**, einem Schmelztiegel der verschiedensten Kulturen aus dem Viertel, geht es immer chaotisch-gemütlich zu. Abends wird ein abwechslungsreiches Menü zu einem guten Preis angeboten, oftmals mit selbst gemachten, dicken Pommes. Die in Handarbeit hergestellten Tische kann man übrigens auch kaufen.
eerste van swindenstraat 581, www.ponteneur.nl, telefon: 020 6680680, geöffnet: mo-do 9.00-1.00, fr-sa 9.00-2.00, so 10.00-1.00, preis: 12 €, straßenbahn: 7, 9 eerste van swindenstraat

(27) Das Restaurant **Bloem** serviert originelle Gerichte – äußerst frisch und aus biologischen Zutaten zubereitet. Wie wär's mit Quinoa-Frittata mit Kochbananen und Cashewnüssen oder Entenbrust mit Linsen, Ziegenkäse und Oliven? Probieren Sie auch unbedingt den hausgemachten Kuchen.
entrepotdok 36, www.bloem36.nl, telefon: 020 3300929, geöffnet: täglich 10.00-0.00, preis: 17,50 €, straßenbahn: 9, 14 plantage kerklaan

(30) Das **Café Koosje** ist durch sein häusliches Ambiente sehr einladend. Machen Sie es sich auf dem Sofa gemütlich oder genehmigen Sie sich ein Bier an der Bar. Hier gibt es übrigens ausgezeichnetes Hühnchen-Saté. Gegenüber vom Café befindet sich ein Fernsehstudio, daher läuft man hier oft prominenten Niederländern über den Weg.
plantage middenlaan 37, www.koosjeamsterdam.nl, telefon: 020 3200817, geöffnet: so-do 9.00-1.00, fr-sa 9.00-3.00, preis: 17,50 €, straßenbahn: 9, 14 plantage kerklaan

(34) Im **Koffiehuis van den Volksbond** bekamen Arbeiter früher gratis Kaffee – auf Rechnung der Arbeitgeber, die so verhindern wollten, dass sie zu sehr mit dem Alkohol liebäugelten. Der Kaffee ist noch immer gut, ebenso die Atmosphäre. Probieren Sie auch die originellen Desserts – einfach köstlich.
kadijksplein 4, www.koffiehuisvandenvolksbond.nl, telefon: 020 6221209, geöffnet: täglich 18.00-22.00, preis: 17,50 €, straßenbahn: 14 mr. visserplein

(35) Zu **éénvis twéévis** geht man nicht, wenn man Appetit auf ein Steak hat. Hier gibt es nämlich Fisch! Die Oostendse Fischsuppe ist sehr zu empfehlen. Der Inhaber und Küchenchef sorgt für eine einzigartige Stimmung.
schippersgracht 6, www.eenvistweevis.nl, telefon: 020 6232894, geöffnet: di-sa 18.00-22.00, preis: 20 €, straßenbahn: 14 mr. visserplein

⑦ POL'S POTTEN

Shoppen

(4) Wer hier ein Geschäft mit kitschigen Windmühlensouvenirs erwartet, wird eines Besseren belehrt: **Thinking of Holland** bietet Produkte niederländischer Topdesigner wie Marcel Wanders und Droog Design für das kleine sowie das große Budget an.
passenger terminal amsterdam, piet heinkade 23, www.thinkingofholland. com, telefon: 020 4191229, geöffnet: täglich 10.00-19.00, straßenbahn: 25, 26 passengers terminal amsterdam

(7) Eine seit jeher beliebte Adresse bei den neuen Bewohnern des Inselviertels: **Pol's Potten** führt alle Topmarken und Designer, mit denen sich Haus, Garten und Küche stilvoll einrichten lassen.
knsm-laan 39, www.polspotten.nl, telefon: 020 4193541, geöffnet: di-sa 10.00-18.00, so 12.00-17.00, straßenbahn: 10 azartplein

(8) Ein übersichtlich eingerichtetes Kaufhaus für Kindersachen – voller Flugzeuge, Kleider, Tiere, Windmühlengeneratoren und Prinzessinnenkleider: **Keet in Huis** hat alles, was technisch begabte Jungs und Puppen liebende Mädchen verzückt.
knsm-laan 297, www.keetinhuis.nl, telefon: 020 4195958, geöffnet: di-sa 10.00-18.00, so 12.00-17.00, straßenbahn: 10 knsm-laan

(9) Seinen eigenen Entwurf auf ein T-Shirt drucken lassen oder sich die neuesten Etnies und Vans anschaffen: Bei **Arrival / Departure** gibt es nicht nur Mode für Skater, sondern eine bunte Mischung aus Vintage, Hippie-Schick, Rucksäcken und Fred Perry Shirts.
knsm-laan 301, www.arrivaldeparture.nl, telefon: 020 4199234, geöffnet: di-sa 11.00-18.00, so 13.00-18.00, straßenbahn: 10 azartplein

(11) Essen Sie Ihr frisch belegtes Brötchen von **Oceaan Deli** ganz in Ruhe draußen auf einer der Bänke – mit toller Aussicht auf die IJ. In diesem Delikatessenladen werden hochwertige italienische Spezialitäten wie Wurst, Schinken, Wein und Olivenöl angeboten.
c. van eesterenlaan 21-23, www.oceaandeli.nl, telefon: 020 4197551, geöffnet: so-fr 12.00-21.00, sa 11.00-21.00, preis: sandwich 5 €, straßenbahn: 26 rietlandpark

(16) Im Atelier **Ton de Boer** wird neben bildender Kunst auch Kunsthandwerk verkauft, aber auch Mode und Accessoires: amerikanische Vintagebroschen, maßgeschneiderte Kleider nach Burda-Mustern und Täschchen mit handgestickten Verzierungen. Ein kleines Designerkollektiv arbeitet regelmäßig an neuen Entwürfen.
czaar peterstraat 139, www.tondeboer.nl, telefon: 06 16610195, geöffnet: di-sa 12.00-18.00, straßenbahn: 10 eerste leeghwaterstraat, straßenbahn: 26 rietlandpark

(17) Bei dem gebürtigen Äthiopier Marcos haben Sie die Wahl aus gut und gerne vierzig verschiedenen Tee- und vier Kaffeesorten. Wer den richtigen Zeitpunkt erwischt, kann im **Kaffa Koffie & Theespecialiteiten** auch erleben, wie die Bohnen nach äthiopischem Brauch gebrannt werden.
czaar peterstraat 130, www.kaffakoffie.com, telefon: 020 6223135, geöffnet: di-sa 10.00-18.00, straßenbahn: 10 eerste leeghwaterstraat, straßenbahn: 26 rietlandpark

(23) Der **Dappermarkt** wurde schon mehrmals zum besten Markt der Niederlande gekürt. Alles, was auf einen Eine-Welt-Markt gehört, gibt es hier: surinamische Roti, holländischen Hering, bunte Kleidung, exotisches Obst und Gemüse. Und das, wie es sich gehört, natürlich um einiges günstiger als im Supermarkt.
dapperstraat, geöffnet: mo-sa 9.00-18.00, straßenbahn: 7 dapperstraat

OCEAAN DELI (11)

⑭ **ROEST**

100% there

(3) Das **Muziekgebouw aan 't IJ Bimhuis** (Musikgebäude an der IJ) bietet seit 2005 ein ideales Podium für moderne und klassische Musik. Es lohnt sich, auch mal vor oder nach einem Konzert durch die leeren Räume zu gehen und diese auf sich wirken zu lassen. Das angrenzende Bimhuis, ein Konzertsaal für Jazz und Improvisationsmusik, besitzt eine atemberaubende Aussicht.
piet heinkade 1-2, www.muziekgebouw.nl, telefon: 020 7882000, geöffnet: für programm, öffnungszeiten und preise siehe website, straßenbahn: 25, 26 muziekgebouw bimhuis

(14) **Roest** eröffnete im Juni 2011 und befindet sich auf dem Gelände, wo früher die VOC-Schiffe gebaut wurden. Die Stadtoase ist alles in einem: Café, Theater, kreative Plattform, Ausstellungsraum, Strand und Club. Getränke und Lebensmittel können Sie im Campingladen kaufen, um sie am Strand oder in dem industriell angehauchten Restaurantteil zu verspeisen.
czaar peterstraat 213, www.amsterdamroest.nl, telefon: 020 3080283, geöffnet: so-do 11.00-1.00, fr-sa 11.00-3.00, eintritt frei, straßenbahn: 10 eerste leeghwaterstraat

(15) Ausstellungen, Workshops, Wettbewerbe und Projekte rund um Kunst, Neue Medien und Kultur – das alles passiert bei **Mediamatic**. Erwarten Sie kein braves Museumsprogramm, sondern neuartige Projekte, die zum Nachdenken anregen. Ignite ist ebenfalls sehenswert: Zwölf Künstler haben jeweils fünf Minuten Zeit, um ihr Werk zu präsentieren.
voc-kade 10, www.mediamatic.net, telefon: 020 6389901, geöffnet: mo-fr 13.00-19.00, sa-so 13.00-18.00, preis: eintritt: wechselnd, straßenbahn: 26 rietlandpark, 10 eerste leeghwaterstraat

(21) Das eigenwillig-kreative **Studio K**, das in einer ehemaligen Handwerksschule untergebracht ist, reflektiert mit seinem bunt gemischtem Publikum aus Anwohnern, Studenten, Künstlern, Auswanderern und Einheimischen aller Altersstufen das neue Amsterdam-Ost. Hier erwarten Sie Film, Theater, Essen, Trinken und Musik. Das Programm finden Sie auf der Webseite.
timorplein 62, www.studio-k.nu, telefon: 020 6920422, geöffnet: so-do 11.00-1.00, fr-sa 11.00-3.00, straßenbahn: 3 muiderpoortstation, 7 molukkenstraat, 14 zeeburgerdijk

(29) Ein Besuch im **Artis** lohnt sich sowohl für kleine als auch für große Kinder. Neben den zahlreichen Vertretern des Tierreichs findet man hier eine ruhige Oase mitten in der geschäftigen Stadt. Highlights sind das Aquarium und das Planetarium.
plantage kerklaan 38-40, www.artis.nl, telefon: 020 2784796, geöffnet: nov.-märz täglich 9.00-17.00, apr.-mai & sept.-okt. täglich 9.00-18.00, juni-aug. so-fr 9.00-18.00, sa 9.00-sonnenuntergang, eintritt: 19,50 €, straßenbahn: 9, 14 plantage kerklaan

(31) Das seit jeher von Studenten geführte **Kriterion** zeigt Arthouse-Titel, Filmklassiker und Essayfilme, manchmal auch gute Hollywoodproduktionen. Bei den Sneakpreviews dienstags um 22.15 Uhr können Sie für 5 Euro noch nicht veröffentlichte Filme in der Originalsprache anschauen. Am Wochenende werden oftmals Filmfestivals und Filmmarathons veranstaltet.
roetersstraat 170, www.kriterion.nl, telefon: 020 6231708, geöffnet: sept.-juni so-do 10.30-1.00, fr 10.30-3.00, sa 12.30-3.00, juli-aug. mo-do 16.00-1.00, fr 16.00-3.00, sa 12.30-3.00, so 12.30-1.00, eintritt: 7,50 €, straßenbahn: 7, 10 weesperplein, u-bahn: 51, 53, 54 weesperplein

(33) Der aus dem Jahr 1838 stammende **Hortus Botanicus** gehört zu den ältesten botanischen Gärten der Welt. Die exotische Mischung besteht aus 6000 Pflanzen und über 4000 verschiedenen Arten.
plantage middenlaan 2a, www.hortus-botanicus.nl, telefon: 020 6259021, geöffnet: täglich 10.00-17.00, eintritt: 8,50 €, straßenbahn: 9, 14 plantage parklaan

(36) **NEMO**, das größte Wissenschaftszentrum der Niederlande, hat seinen Sitz hier seit 1997. Fünf Etagen voller wissenschaftlicher und technologischer Mitmach- und Denkspiele faszinieren nicht nur Wunderkinder und Technikfreaks. Selbst wenn man keine Ahnung von Naturkunde und Technik hat, verbringt man hier lustige und lehrreiche Stunden. Im Sommer gibt es Konzerte. Auch die Dachterrasse ist wunderschön.
oosterdok 2, www.e-nemo.nl, telefon: 020 5313233, geöffnet: sept.-mai di-so 10.00-17.00, juni-aug. täglich 10.00-17.00, eintritt: 13,50 €, straßenbahn: 1, 2, 3, 5, 9, 13, 16, 17, 24, 25, 26 hauptbahnhof

De Eilanden & Oost

SPAZIERGANG 6

Bestaunen Sie zuerst das prachtvolle Panorama von der Zentralbibliothek aus (1). Richtung Kletterwand kommt man zu Amsterdams *place to be* (2). Unter den Gleisen durch geht's rechts in die Veemkade für ein (Jazz-)Konzert (3). Nehmen Sie ein Design-Souvenir (4) mit. Weiter geht's an Jamie Oliver's Fifteen (5) vorbei zum Pakhuis de Zwijger (6). Überqueren Sie am Vemenplein die Brücke, dann über die Javakade und den Bogortuin zum Azartplein. Zeit zum Shoppen (7) (8) (9). Biegen Sie rechts ab auf den Levantplein, dann zur Levantkade zum Essen (10). Zurück zum Azartplein, dann links und über den Verbindingsdam. Rechts abbiegen in die Veemkade, dann links in die Van Eesterenlaan für ein Sandwich (11) Über die Veemkade zurück zum Lloydplein gehen und einen Blick in ein ehemaliges, zum Designhotel umgebautes Gefängnis werfen (12). Wer Appetit verspürt, folgt der Oostelijke Handelskade Richtung Mercat (13). Ansonsten gehen Sie bis zur Panamastraat und überqueren die Piet Heinkade Richtung Czaar Peterstraat. Rechts über den Parkplatz gelangt man zu Roest (14) und zu Mediamatic (15). Zurück in der Czaar Peterstraat gibt's schöne Geschäfte (16) (17). Gehen Sie weiter, übers Wasser und dann links in die Funenkade (18). Probieren Sie ein IJ-Bier (19). Über den Zeeburgerdijk gelangt man zur Pompstation (20). Lust auf Kultur? Rechts geht's in die Borneostraat zu Studio K (21). Weiter durch die Sumatrastraat in die Javastraat, wo Sie türkische und marokkanische Läden antreffen. Gehen Sie unter den Gleisen entlang und machen Sie eine Pause (22). Schlendern Sie über den Dappermarkt (23). Geradeaus in die Linnaeusstraat, dann rechts durch den Oosterpark (24) zum Tropenmuseum (25). Dann entlang der Mauritskade, Alexanderkade und Hoogtekadijk zum Entrepotdok an den Kalenderpanden (26) (27) vorbei. Überqueren Sie die Brücke Richtung Plantage Kerklaan (28). Dies ist der Eingang zu Artis (29). Geradeaus durchgehen bis zur Plantage Middenlaan (30). Das Kino Kriterion (31) finden Sie ein Stück weiter in der Roeterstraat. Ansonsten biegen Sie an der Plantage Middenlaan direkt rechts ab (32). Gehen Sie weiter bis zum Hortus Botanicus (33). Wenn Sie sich an der Nieuwe Herengracht rechts halten, gelangen Sie zu schönen Restaurants (34) (35). Überqueren Sie die Prins Hendrikkade und beenden Sie die Tour beim Technologiemuseum NEMO (36).

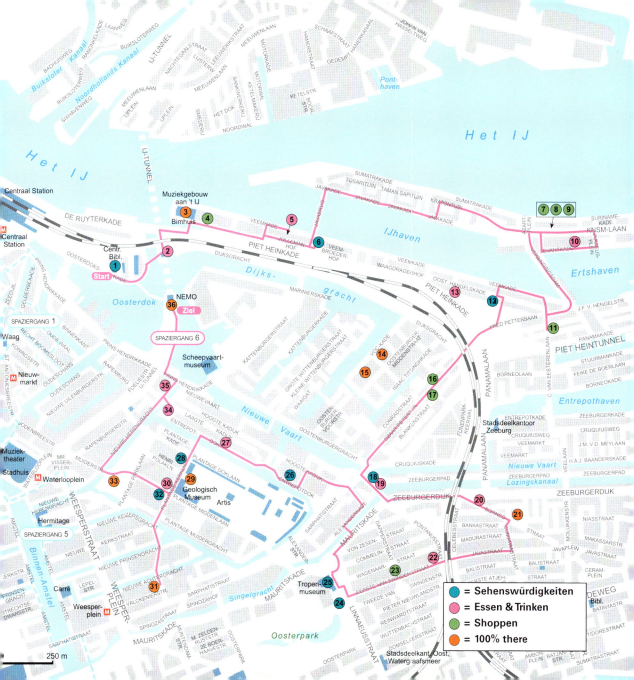

1. Zentralbibliothek
2. Hannekes Boom
3. Muziekgebouw aan 't IJ & Bimhuis
4. Thinking of Holland
5. Fifteen Amsterdam
6. Pakhuis de Zwijger
7. Pol's Potten
8. Keet in Huis
9. Arrival/Departure
10. Kanis & Meiland 3.0
11. Oceaan Deli
12. Lloyd Hotel
13. Mercat
14. Roest
15. Mediamatic
16. Ton de Boer
17. Kaffa
18. De Gooyer
19. Brouwerij 't IJ
20. Pompstation
21. Studio K
22. De ponteneur
23. Dappermarkt
24. Oosterpark
25. Tropenmuseum
26. Kalenderpanden
27. Bloem
28. Widerstandsmuseum
29. Artis
30. Café Koosje
31. Kriterion
32. Hollandsche Schouwburg
33. Hortus Botanicus
34. Koffiehuis van den Volksbond
35. éénvis twéévis
36. NEMO

Weitere Sehenswürdigkeiten

Wer den Spaziergängen des 100 % Cityguides folgt, wird die schönsten Sehenswürdigkeiten automatisch entdecken. Aber Amsterdam hat natürlich noch mehr zu bieten. Hier folgen ein paar weitere 100 % Tipps. Die Buchstaben der Sehenswürdigkeiten finden Sie auf dem Übersichtsplan am Anfang des 100 % Cityguides. Hinweis: Manche der genannten Sehenswürdigkeiten liegen außerhalb des Zentrums, und sind zu Fuß schlecht zu erreichen. Mit den öffentlichen Verkehrsmitteln kommt man dort allerdings problemlos hin.

Ⓛ Wer der hektischen Stadt für eine Weile entfliehen möchte, schnappt sich ein Fahrrad oder nimmt den Bus und fährt zum **Amsterdamse Bos**, einem Natur- und Erholungspark zwischen Amsterdam und Amstelveen. Ein wunderbarer Ort, um spazieren zu gehen oder Rad zu fahren. Auf dem großen Teich kann man mit dem Kanu und Tretboot herumschippern, außerdem gibt es zwei Kinderschwimmbäder. Jedes Jahr im Juli und August zieht das Freilufttheater viele Besucher an. Dann herrscht eine tolle Stimmung, und viele bringen einen Picknickkorb mit in den Park.
bosbaanweg 5, www.amsterdamsebos.nl, telefon: 020 5456100, geöffnet: besucherzentrum täglich 12.00-17.00, eintritt: frei, bus: 170, 172 van nijenrodeweg/amstelveenseweg

Ⓜ Genug von der Hektik der Stadt? Nehmen Sie die Fähre am Hauptbahnhof Richtung **NDSM-Werft**, und entdecken Sie den großen Kulturschmelztiegel auf einer alten Schiffswerft. Auf dem alten Industriegelände arbeiten 250 Künstler in selbst gebauten Ateliers. Im Sommer wie auch im Winter finden hier fast jedes Wochenende Festivals statt. Doch auch sonst lohnt sich ein Besuch. Schauen Sie auf der Skaterbahn den Jungs bei ihren halsbrecherischen Tricks zu oder bestaunen Sie die Designermöbel von Van Dijk & Ko und Neef Louis. Im Silo des Café Norrderlicht werden guter Kaffee sowie leckere Mahlzeiten serviert, die man zusammen mit der schönen Aussicht auf die IJ genießen kann. Direkt bei der Fähre finden Sie die IJ-Kantine, ein weiteres gutes Restaurant. Achten Sie auf die Zeit, denn die Fähre fährt nur zwei Mal pro Stunde und nur bis Mitternacht. Wenn Sie sie verpassen, haben Sie einen ordentlichen Fußmarsch vor sich.
neveritaweg, www.ndsm.nl, fähre: ndsm-werft ab hauptbahnhof

(N) **Amsterdam-Noord** liegt auf der anderen Seite der IJ. Mit der kostenlosen Fähre vom Hauptbahnhof aus kann man diesen Teil der Stadt gut erreichen. Ursprünglich war Noord ein echtes Arbeiterviertel, heute siedeln sich hier immer mehr Kulturinstitutionen und Restaurants an. Zum Beispiel das alte Filmmuseum, das Eye Filminstitut, das in einem futuristischen Gebäude Klassiker sowie zeitgenössische Filme zeigt (*www.eyefilm.nl*). Der Tolhuistuin, ein Pavillon mit Spitzdächern, vereint unter einem Dach Gastronomie, drei Theater- und Konzertsäle, Ausstellungsräume und eine Hip-Hop-Schule (*www.tolhuistuin.nl*). Im Sommer wird sogar ein Kulturprogramm angeboten. Lassen Sie einen Nachmittag in Amsterdam-Noord mit einem Besuch im Hotel de Goudfazant ausklingen (*www.hoteldegoudfazant.nl*), dem vielleicht schönsten Restaurant der Stadt. Von der riesigen, alten Autogarage aus – wo noch immer ein paar Wagen stehen – hat man eine wundervolle Aussicht auf den Fluss.
amsterdam-noord, fähre: ab hauptbahnhof

(O) Sie brauchen an einem heißen Sommertag eine leichte Abkühlung? Die können Sie am **Strand West** in Amsterdam-West bekommen. Loungebänke, echter Sand, entspannte Atmosphäre: Da kommt Urlaubsstimmung auf. Man kann in Sitzsäcken faulenzen oder eine Runde Volleyball spielen. In Amsterdam gibt es mehr als einen Stadtstrand: Am Rand des Beatrixparks finden Sie den **Strandzuid** (*www.strand-zuid.nl*) – mit viel Glamour, Lifestyle und Vespas vor der Tür; oder wagen Sie in **Blijburg aan Zee** (*www.blijburg.nl*) den Sprung ins kühle Nass der IJ. Dort finden auch regelmäßig Tanzpartys statt.
stavangerweg 900, www.strand-west.nl, telefon: 020 6826310, geöffnet: täglich 10.00-23.00, west, bus: 22, 48 spaarndammerstraat

Ausgehen

Amsterdam bietet vielfältige Ausgehmöglichkeiten: Film, Theater, Musik, Tanz, Comedy – von allem gibt es mehr als genug. Nähere Informationen in deutscher Sprache finden Sie u. a. unter *www.iamsterdam.com/visiting*. Das Amsterdams Uitburo ist ebenfalls ein guter Tipp (Leidseplein 26, Telefon 020 7959950, geöffnet Mo.-Fr. 10.00–19.30 Uhr, Sa. 10.00–18.00, So. 12.00–18.00 Uhr). Dort bekommen Sie außer Informationen zu kulturellen Veranstaltungen auch Konzertkarten, manchmal zu Last-Minute-Tarifen. Im Kapitel "100% übersichtlich" finden Sie eine Liste der größeren Festivals.

Die folgenden Clubs sind sicher einen Besuch wert. Die jeweiligen Buchstaben finden Sie auf dem Übersichtsplan am Anfang dieses 100% Cityguides. Damit Sie nicht am falschen Tag am falschen Ort sind, informieren Sie sich am besten vorher, wo und wann die Party abgeht.

(P) Im **Paradiso**, einer alten neugotischen Kirche, wird jeden Abend andere Musik aufgelegt: Jazz, Techno, Funk, Garage, Dubstep, Soul, Hip-Hop. Der Klassiker ist *Noodlanding* am Mittwoch- und Donnerstagabend mit Liveauftritten und DJs. Außerdem stehen hier regelmäßig die ganz Großen auf der Bühne: Die Rolling Stones, David Bowie, Prince, Lenny Kravitz, Robbie Williams und Lady Gaga gaben sich hier schon die Ehre.
weteringschans 6-8, www.paradiso.nl, telefon: 020 6264521, geöffnet: mi-do 23.00-3.00, fr-sa 0.00-4.00, eintritt: wechselnd, straßenbahn: 1, 2, 5, 7, 10 leidseplein

(Q) Bei **Pacific Parc** in der Nähe des Westerparks kann man unter der Woche gut essen gehen, am Wochenende sind hier Rock-'n'-Roll-Nights angesagt. Einer der wenigen Orte, an denen man bei freiem Eintritt jedes Wochenende abfeiern kann. Zu Beginn des Abends steht meistens eine Band auf der Bühne, danach legen DJs den besten Funk und Soul auf, wobei sich neue Hits und Klassiker abwechseln. Gute Stimmung ist garantiert.
polonceaukade 23, www.pacificparc.nl, telefon: 020 4887778, geöffnet: so-do 11.00-1.00, fr-sa 11.00-3.00, eintritt: frei, bus: 21, 22 haarlemmerplein, straßenbahn: 10 van hallstraat

Ⓡ Tintenflecke und Industrie-Gitterroste erinnern an die ursprüngliche Funktion von **Trouw Amsterdam**: Die ehemalige Zeitungsdruckerei, heute ein Club mit Restaurant und Ausstellungsraum, ist einer der aktuellen Hotspots der Stadt. Feiern Sie bis spät in die Nacht zu Livemusik von Bands und DJs aus der ganzen Welt, nächtlichen Hunger kann man bis 3.00 Uhr in der Fusionsküche stillen.
wibautstraat127, www.trouwamsterdam.nl, telefon: 020 4637788, geöffnet: wochentags 2.00, wochenende 22.30-5.00, eintritt: wechselnd, u-bahn: 51, 53, 54 wibautstraat

(S) Das **Bitterzoet**, sowohl Bar als auch Club, gehört inzwischen zu den Spitzenadressen in Amsterdam. Top-DJs, tolle Atmosphäre und ein vielfältiges Angebot an Musikstilen – von Funk über Hip-Hop bis hin zu Rock und Soul – machen aus dieser Location den idealen Ort für einen gelungenen Partyabend.
spuistraat 2, www.bitterzoet.com, telefon: 020 4212318, geöffnet: so-do 20.00-3.00, fr-sa 20.00-4.00, eintritt: wechselnd, straßenbahn: 1, 2, 5, 13, 17 nieuwezijdse kolk

(T) Im **Melkweg** erlebt man Auftritte jenseits des Mainstreams. In den zwei Hauptsälen (The Max und der Oude Zaal) wird am Wochenende auf Elektro abgetanzt. Unter der Woche treten täglich Bands auf, auch Festivals stehen regelmäßig auf dem Programm, zum Beispiel das Jazz & Fusion Event und das Amsterdam Dance Event. Zum Melkweg gehören außerdem eine Galerie, eine Cafeteria, ein kleines Kino, ein Theater und ein Medienraum.
lijnbaansgracht 234a, www.melkweg.nl, telefon: 020 5318181, geöffnet: wechselnd; café täglich ab 10.00, säle meistens ab 21.00, eintritt: wechselnd, straßenbahn: 1, 2, 5, 7, 10 leidseplein

(U) Sehen und gesehen werden, das ist die Devise bei **Jimmy Woo**. Dies ist noch immer der angesagteste Club Amsterdams, wie unschwer an der Schlange vor der Tür zu erkennen ist. Wände mit Blattgold, chinesische Antiquitäten, eine Deckenbeleuchtung mit 12.000 Lämpchen – die Einrichtung ist ebenso beeindruckend wie die Liste internationaler DJs, die hier auflegen. Die Cocktails sind hervorragend, die Türsteher wählerisch.
korte leidsedwarsstraat 18, www.jimmywoo.nl, telefon: 020 6263150, geöffnet: do 23.00-3.00, fr-so 23.00-4.00, eintritt: wechselnd, straßenbahn: 1, 2, 5, 6, 7, 10 leidseplein

(V) Die geschlossene Künstlergesellschaft De Kring hat eine Location am Leidseplein: **Club Up**. Hier finden keine herkömmlichen Partys statt, sondern exzentrische Themenabende mit mysteriösen Titeln wie "Where is the Schnäuzer" und "Kreativ-Euphorythmisch". Fest steht, dass man bis tief in die Nacht zu Disco und House abfeiern kann.
korte leidsedwarsstraat 26, www.clubup.nl, telefon: 020 6236985, geöffnet: do 23.00-4.00, fr-sa 23.00-5.00, eintritt: wechselnd, straßenbahn: 1, 2, 5, 6, 7, 10 leidseplein

JIMMY WOO Ⓤ

Ⓦ **brug 9**, oder einfach b9, liegt etwas versteckt unter der Torensluisbrug bei der Mutatuliskulptur am Singel. In den bröckeligen Nischen jahrhundertealter Gefängniskatakomben bekommt man feinsten Live-Jazz serviert. Eigentlich ein vorübergehendes Projekt, doch zum Glück können diese in Amsterdam ziemlich lange bestehen. Schauen Sie besser auf der Webseite nach, ob es den Laden noch gibt. Hier werden auch Ausstellungen, Dokumentarfilmabende und Diskussionsrunden organisiert.
singel 161, www.brug9.nl, telefon: 06 55335020, geöffnet: di-so 20.00-2.00, eintritt: wechselnd, straßenbahn: 1, 2, 4, 5, 9, 13, 14, 16, 17, 24, 25 dam

Alphabetischer Index

&klevering	44	büchermarkt	72
		bus	14

a

a la ferme	105	**c**	
abyssinia afrikaans eetcafé	84	café bern	25
a-fusion	25	café captein & co	22
albert cuypmarkt	110	café de jaren	26
amstel hotel	12	café de tuin	40
amstelveld	99	café gruter	87
amsterdam museum	19	café intaepjen	22
amsterdam-noord	137	café koosje	125
amsterdamse bos	136	café krull	105
anne frank haus	39	café nol	40
annliz	71	café norderlicht	137
ari	91	café schiller	102
arrival / departure	127	café 't loosje	25
artis	132	café weber	82
		carré	112
b		catta donkersloot	28
badcuyp, de	105	cherry sue	47
bakkerij mediterrane	42	cinema paradiso	40
beadies	66	club up	140
begijnhof	19	coco mama	8
beurs van berlage	21	college hotel, the	12
bickersbed	11	concertgebouw	80
bitterzoet	140	concerto	109
blauwe theehuis, 't	87	conscious hotels	12
blijburg aan zee	137		
bloem	125	**d**	
blumenmarkt	72	dappermarkt	128
brasserie blazer	63	delamar theater	92
brasserie keyzer	87	droog design	29
brasserie sent	102	duende	42
brillenmuseum	59	dwaze zaken	22
brix	65		
brouwerij de prael	32	**e**	
brouwerij 't ij	123	éénvis twéévis	125
brug9	141	emaillekeizer, de	110
buchhandlung athenaeum	66	end, the	28

engelbewaarder, de	26	**i**	
entrecôte et les dames, l'	87	imps & elfs	91
eye filminstituut	137	ij-kantine	137
exota	71	ijscuypje / stamppotje	105
		ilovevintage	44

f

felix meritis — 59
festina lente — 61
fahrradtaxi — 14
fifteen — 122
filosoof, de — 11
foam — 99
friday next — 88
frozen fountain, the — 68
frozz — 65

j

jan — 109
japanse winkeltje, 't — 30
jimmy woo — 140
johnny at the spot — 89
johnny jordaanplein — 59
joods historisch museum — 100
jutka & riska — 51
juttersdok — 109

g

gamekeeper, the — 71
ganesha — 22
gent aan de schinkel — 84
gollem's proeflokaal — 82
goodies — 60
gooyer, de — 119
guus — 44

k

kaaskamer, de — 67
kaffa — 128
kalenderpanden — 121
kanis & meiland 3.0 — 122
karthuizerhofje — 52
kauppa — 71
kees, bij — 106
keet in huis — 127
kinderfeestwinkel, de — 109
kitsch kitchen — 44
kleedkamer, de — 47
kleine komedie, de — 113
koevoet — 42
königlicher palast — 20
koffiehuis van den volksbond — 125
kookboekhandel, de — 51
kriterion — 132

h

haasje over — 47
haastje repje — 110
hannekes boom — 122
hemelse modder — 23
hermitage amsterdam — 100
hip wonen — 91
hollandsche schouwburg — 121
hop on, hop off — 15
hortus botanicus — 132
hotel arena — 11
hotel belga — 8
hotel de goudfazant — 137
hotel v — 12
houten huisje, het — 26

l

latei	25
laura dols	70
lloyd hotel	11, 119
local service	66
luuks	91
lymor	47

m

magere brug	100
mantoe	40
margareth m	71
marqt	88
mediamatic	131
melkweg	140
mercat	122
metro	14
metropolitan deli	27
mietfahrräder	15
mint mini mall	68
moooi gallery	48
moriaan	47
movies, the	52
munt, de	99
museumplein	93
muziekgebouw aan 't ij & bimhuis	131

n

nam kee	25
ndsm-werft	136
neef louis	136
nemo	132
nes, de	32
nielsen	63
nieuwe kerk, de	20
noorderkerk	39
noordermarkt	48

o

oceaan deli	127
ons' lieve heer op solder	20
oosterpark	120
open shop	30
oude kerk, de	20
oudemanhuispoort	19
ov-chipkarte	14

p

p.c. hooftstraat	91
pacific parc	138
pakhuis de zwijger	119
papabubble	51
paradiso	138
parisienne	68
park-and-ride-platz	14
pasta e basta	60
pathé tuschinski	112
patisserie holtkamp	102
pazzi	63
pied a terre	88
pol's potten	127
pompstation	124
ponteneur, de	125
proeflokaal de admiraal	72
proust	42
puccini	28

r

raïnaraï	65
rakang restaurant	63
raw materials	47
reguliersdwarsstraat	59
rembrandthaus	19
restored	48
rijksmuseum	79
roest	131
rundfahrtboote	15

s

sal gorda	84
siem van der gragt	68
sluisje, 't	26
pal 111	92
smoeshaan, de	82
spang makandra	103
spanjer & van twist	40
spr specials	30
sprmrkt	46
stadsschouwburg	79
stadtarchiv	99
stedelijk museum	80
store without a home	48
strand west	137
strandzuit	137
studio bazar	109
studio k	131

t

taart van m'n tante, de	102
taschenmuseum hendrikje	112
taxi	14
tempel fo guang shan he hue	19
te pas	82
ter brugge	84
theo thijssen museum	39
thinking of holland	127
tolhuistuin, de	137
ton de boer	128
tram	14
tropenmuseum	121
trouw amsterdam	139

v

van dijk & ko	136
van gogh museum	80
van harte	65
van ravenstein	66
vanroselen	66
verzetsmuseum	121
vlaams friteshuis	60
vleck wijnen	88
vondelkerk	79
vondelpark	92
vredespijp, de	110

w

w139	32
waterlooplein	28
westergasfabriek	52
westerkerk	39
westindienhaus	39
wijnbar di'vino	41
wilhelmina-gasthuis-gelände	92
winkel 43	42
winston	10

y

ysbreeker, de	106

z

zentralbibliothek	119
zug	14

Thematischer Index

100 % there

artis	132
blijburg aan zee	137
blumenmarkt	72
brouwerij de prael	32
büchermarkt	72
carré	112
delamar theater	92
eye filminstitut	137
hortus botanicus	132
karthuizerhofje	52
kleine komedie, de	113
kriterion	132
mediamatic	131
movies, the	52
museumplein	93
muziekgebouw aan 't ij & bimhuis	131
nemo	132
nes, de	32
pal 111	92
pathé tuschinski	112
proeflokaal de admiraal	72
roest	131
strandzuit	137
strand west	137
studio k	131
taschenmuseum hendrikje	112
tolhuistuin, de	137
vondelpark	92
w139	32
westergasfabriek	52
wilhelmina gasthuis terrein	92

ausgehen

bitterzoet	140
brug9	141
club up	140
jimmy woo	140
melkweg	140
pacific parc	138
paradiso	138
trouw amsterdam	139

essen und trinken

a la ferme	105
abyssinia afrikaans eetcafé	84
a-fusion	25
badcuyp, de	105
bakkerij mediterrane	42
blauwe theehuis, 't	87
bloem	125
brasserie blazer	63
brasserie keyzer	87
brasserie sent	102
brix	65
brouwerij 't ij	123
café bern	25
café captein & co	22
café de jaren	26
café de tuin	40
café gruter	87
café intaepjen	22
café koosje	125
café krull	105
café nol	40
café noorderlicht	137
café schiller	102
café 't loosje	25
café weber	82
cinema paradiso	40
duende	42
dwaze zaken	22
éénvis twéévis	125
engelbewaarder, de	26
entrecôte et les dames, l'	87
festina lente	61
fifteen amsterdam	122
frozz	65
ganesha	22
gent aan de schinkel	84

gollem's proeflokaal	82	**hotels**	
goodies	60	amstel hotel	12
hannekes boom	122	bickersbed	11
hemelse modder	23	coco mama	8
hotel de goudfazant	137	college hotel, the	12
houten huisje, het	26	conscious hotels	12
ij-kantine	137	filosoof, de	11
ijscuypje / stamppotje	105	hotel arena	11
kanis & meiland 3.0	122	hotel belga	8
kees, bij	106	hotel v	12
koevoet	42	lloyd hotel	11
koffiehuis van den volksbond	125	winston	10
latei	25		
mantoe	40	**sehenswürdigkeiten**	
mercat	122	amstelveld	99
metropolitan deli	27	amsterdam museum	19
nam kee	25	amsterdam-noord	137
nielsen	63	amsterdamse bos	136
pasta e basta	60	anne frank haus	39
patisserie holtkamp	102	begijnhof	19
pazzi	63	beurs van berlage	21
pompstation	124	blumenmarkt	72
ponteneur, de	125	brillenmuseum	59
proef amsterdam	43	concertgebouw	80
proust	42	felix meritis	59
raïnaraï	65	foam	99
rakang restaurant	63	gooyer, de	119
sal gorda	84	hermitage amsterdam	100
sluisje, 't	26	hollandsche schouwburg	121
smoeshaan, de	82	johnny jordaanplein	59
spang makandra	103	joods historisch museum	100
spanjer & van twist	40	kalenderpanden	121
taart van m'n tante, de	102	königlicher palast	20
te pas	82	lloyd hotel	119
ter brugge	84	magere brug	100
van harte	65	munt, de	99
vlaams friteshuis	60	ndsm-werft	136
wijnbar di'vino	41	nieuwe kerk, de	20
winkel 43	42	noorderkerk	39
ysbreeker, de	106	ons' lieve heer op solder	20
		oosterpark	120

oude kerk, de	20
oudemanhuispoort	19
pakhuis de zwijger	119
reguliersdwarsstraat	59
rembrandthaus	19
rijksmuseum	79
stadsschouwburg	79
stadtarchiv	99
stedelijk museum	80
tempel fo guang shan he hue	19
theo thijssen museum	39
tropenmuseum	121
van gogh museum	80
verzetsmuseum	121
vondelkerk	79
westerkerk	39
westindienhaus	39
zentralbibliothek	119

shoppen

&klevering	44
albert cuypmarkt	110
annliz	71
ari	91
arrival / departure	127
beadies	66
buchhandlung athenaeum	66
catta donkersloot	28
cherry sue	47
concerto	109
dappermarkt	128
droog design	29
emaillekeizer, de	110
end, the	28
exota	71
friday next	88
frozen fountain, the	68
gamekeeper, the	71
guus	44
haasje over	47
haastje repje	110
hip wonen	91
ilovevintage	44
imps & elfs	91
jan	109
japanse winkeltje, 't	30
johnny at the spot	89
jutka & riska	51
juttersdok	109
kaaskamer, de	67
kaffa	128
kauppa	71
keet in huis	127
kinderfeestwinkel, de	109
kitsch kitchen	44
kleedkamer, de	47
kookboekhandel, de	51
laura dols	70
local service	66
luuks	91
lymor	47
margareth m	71
marqt	88
mint mini mall	68
moooi gallery	48
moriaan	47
neef louis	136
noordermarkt	48
oceaan deli	127
open shop	30
p.c. hooftstraat	76
papabubble	51
parisienne	68
pied a terre	88
pol's potten	127
puccini	28
raw materials	47
restored	48
siem van der gragt	68
spr specials	30
sprmrkt	46
store without a home	48

studio bazar	109
thinking of holland	127
ton de boer	128
van dijk & ko	136
van ravenstein	66
vanroselen	66
vleck wijnen	88
vredespijp, de	110
waterlooplein	28

unterwegs

bus	14
fahrradtaxi	14
hop on, hop off	15
mietfahrräder	15
ov-chipkarte	14
park-and-ride-platz	14
rundfahrtboote	15
straßenbahn	14
taxi	14
u-bahn	14
zu fuß	14
zug	14

Impressum

Dieser 100% Cityguide wurde mit größter Sorgfalt zusammengestellt. Mo Media GmbH ist nicht verantwortlich für eventuelle inhaltliche Fehler. Anmerkungen und/oder Kommentare können an **Mo Media GmbH, Steinstraße 15, 10119 Berlin** oder **info@momedia.com** gerichtet werden.

autoren
evelien vehof (überarbeitung), judith zebeda, tijn kramer, saskia van rijn

fotografie
fiona ruhe, duncan de fey, sven benjamins, marloes bosch, saskia van osnabrugge, p. 78 stedelijk museum - gert-jan van rooij, p. 78 & city-map rijksmuseum - iwan baan, p. 81 stedelijk museum - john lewis marshall, p. 98 taschenmuseum hendrikje

übersetzung
textcase

lektorat
ulrike grafberger

schlussredaktion
anke höhne

konzeptgestaltung
studio 100%

gestaltung
mastercolors mediafactory, hilden design, münchen

kartografie
van oort redactie en kartografie

100% Amsterdam
isbn 978-3-943502-68-8

© mo media gmbh, berlin
aktualisierte neuausgabe märz 2014

Alle Rechte vorbehalten. Kein Teil dieser Ausgabe darf ohne vorherige schriftliche Einwilligung des Verlages in irgendeiner Form reproduziert oder unter Verwendung elektronischer Systeme verarbeitet, vervielfältigt oder verbreitet werden.

100% CITYGUIDES

100% TRAVELGUIDES

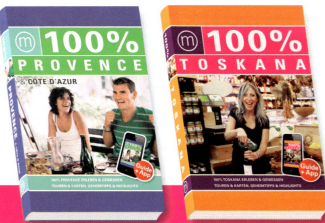

Ausführliche Informationen zum 100% Programm finden Sie auch auf unserer Homepage unter **www.100travel.de**

Meine 100% Geheimtipps
(Notizen und Ideen)

Folge uns auf und teile Deine eigenen 100% Tipps!
Mehr zu 100% unter: **www.100travel.de**